모든 길은
결국 집이 된다

## 모든 길은 결국 집이 된다

| | |
|---|---|
| 발행일 | 2025년 12월 22일 |
| 지은이 | 양범 |
| 펴낸이 | 손형국 |
| 펴낸곳 | (주)북랩 |
| 출판등록 | 2004. 12. 1(제2012-000051호) |
| 주소 | 서울특별시 금천구 가산디지털 1로 168, 우림라이온스밸리 B동 B111호, B113~115호 |
| 홈페이지 | www.book.co.kr |
| 전화번호 | (02)2026-5777 |
| 팩스 | (02)3159-9637 |
| ISBN | 979-11-7224-986-1 04810 (종이책)  979-11-7224-987-8 05810 (전자책)  979-11-7598-042-6 04810 (세트) |

잘못된 책은 구입한 곳에서 교환해드립니다.
이 책은 저작권법에 따라 보호받는 저작물이므로 무단 전재와 복제를 금합니다.
본 도서는 (주)북랩이 보유한 리코 인쇄 장비 등 자체 생산 인프라를 통해 제작되었습니다.

**작가 연락처 문의 ▶ ask.book.co.kr**
전용 게시판에 문의를 남기시면 저자에게 직접 전달됩니다.

**(주)북랩** 성공출판의 파트너
북랩 홈페이지와 SNS에서 다양한 출판 솔루션을 만나 보세요!
홈페이지 book.co.kr • 블로그 blog.naver.com/essaybook • 출판문의 text@book.co.kr
카톡채널 북랩

범필로그
산문시집 2 집

# 모든 길은
# 결국 집이 된다

양범 지음

서툰 위로, 그리고
길 위에서 비로소 알게 된 마음의 주소

북랩

작가의 말

**당신의 서랍에게**

첫 번째 시집에서, 저는 나의 서랍을 열었습니다. 삐걱이는 소리와 함께 쏟아져 나온 것은, 흙먼지 묻은 기억과 녹슨 상처, 그리고 차마 고백하지 못했던 부끄러운 얼굴들이었습니다. 그 구질구질한 풍경 앞에서 당신이 고개를 끄덕여주었기에, 저는 다시 쓸 용기를 얻었습니다.

이제 두 번째 서랍을 엽니다.

그러나 이것은 더 이상 나만의 서랍이 아닙니다. 이 안에는 당신의 어깨를 닮은 낡은 외투가 있고, 당신의 눈물과 닮은 찻잔이 있으며, 당신의 한숨을 닮은 막힌 담벼락이 있습니다.

이 시들은 정답이 아닙니다. 멋진 위로도 아닙니다.

그저, 막힌 변기를 뚫어내던 투박한 손으로, 닳아빠진 셔츠의 헐거운 목덜미를 만지작거리며, 당신에게 건네는 서툰 악수일 뿐입니다. 넘어졌을 때 일으켜주지는 못해도, 옆에 같이 주저앉아 무릎의 흙을 털어줄 수는 있을 거라고. 괜찮다는 말 대신, 라면 하나 같이 끓여 먹자고.

나의 서랍과 당신의 서랍이 다르지 않음을 알게 될 때, 우리는 비로소 외롭지 않을 것입니다.

자, 이제 당신의 서랍을 열 시간입니다.

# 목차

작가의 말　　… 4

**제1부**　두 번째 외투, 오늘의 무게

목 늘어난 시간　　… 13
가장 소중한 것들을 가장 낮은 기어로 마흔아홉　　…16
사냥의 시간　　… 19
쌀과의 전쟁　　… 23
불면의 정원　　… 25
구멍 난 방　　… 28
함께 그리는 지도　　… 34

### 제2부 첫 번째 외투, 기억의 흉터

못 ··· 39
지난날, 우리는 모두 유재하였다 ··· 42
노란 갱지 봉투 ··· 46
모래의 장부 ··· 51
지도에 없는 바다 ··· 56
364일의 크리스마스 ··· 59
우리가 공유했던 감각에 대하여 ··· 62
저문 강에 그림자를 씻고 ··· 65
가을의 사면(赦免) ··· 68

### 제3부 낡은 외투의 먼지를 털며

양머리 망치 ··· 73
벼락거지 예찬 ··· 76
녹슨 철조망, 그곳 ··· 79

광장에서 부르는 노래 ··· 82

뻘물의 강 ··· 84

머쓰크해지다 ··· 86

뚫다 ··· 89

흙으로 쓴 비문(碑文) ··· 92

오월의 질문, 12월의 대답 ··· 96

풍요의 허기 ··· 100

영혼의 계약서 ··· 104

나선의 시간 ··· 108

꿈의 유통기한 ··· 110

달항아리 앞에서 ··· 113

마흔일곱, 나의 레테의 강 ··· 116

## 제4부 외투를 벗어, 당신의 어깨에

서로 다른 강가에 서서 ··· 125

매콤한 낙지볶음 ··· 127

소비기한 ··· 130

첫 번째 문턱에서　　… 134

화장실에 사는 내 딸에게　　… 138

떠나는 등을 위하여　　… 141

대속죄일　　… 144

애쓰지 마라　　… 147

함께 끓이는 라면　　… 149

간격 예찬(禮讚)　　… 152

나무가 먼저 살아 있는 곳　　… 155

마음으로 읽는 책　　… 158

인생견습　　… 161

못생긴 단어 사전　　… 165

나는 산문(散文)이 좋다　　… 168

Viva, 청춘!　　… 172

Viva la Vida, 중년!　　… 175

퍼핑콩, 조청감옥 탈출기　　… 177

맨땅에 엎어져 시를 주운 남자　　… 180


[범필로그] 당신의 서랍을 닫으며　　… 183

제1부

두 번째 외투,
오늘의 무게

한 남자가 있다. 매일 아침, 가장이라는 이름의 두 번째 외투를 입는 남자. 닳아빠진 구두 굽과 목 늘어난 셔츠, 고장 난 몸의 계기판을 이고 오늘이라는 전쟁터를 버틴다. 그의 어깨는 무겁고, 그의 정원은 밤새 엉망진창으로 자라난다. 그러나 그는 안다. 이 외투의 무게야말로, 자신을 단단히 세워두는 유일한 중력이라는 것을. 먼저 그의 구질구질하고도 치열한 '오늘'의 발자국을 따라가며, 우리는 그의 지친 어깨에 조용히 손을 얹는다.

## 목 늘어난 시간

한때는 내 몸이 갑옷인 줄 알았다.
빳빳하게 다린 셔츠 한 벌이면
세상과 맞붙어도 너끈할 줄 알았다.

마흔 넘어, 그 갑옷의 목덜미부터
실밥이 드르륵, 풀려나가기 시작했다.
퇴근길 소주잔에 고개를 처박을 때마다
가장 단단했던 곳부터 야금야금, 닳아 없어졌다.

어느 밤, 딸이 틀어놓은 멜로드라마를 보다
어깻죽지에서 우두둑, 마지막 실밥 터지는 소리가 났다.
한번 터져 나온 울음은 구멍 난 둑 같아서

빳빳했던 셔츠는 순식간에 축축한 걸레가 되었다.

한번 늘어난 목덜미는 다시는 짱짱해지지 않는다.
한번 닳아버린 마음은 새 옷을 걸쳐도 소용없다는 것.
나는 이제야 알았다.
울음이 둑을 넘는 게 아니라,
그저 제자리로 돌아오는 강물이었음을.

이제 나는 집에서, 그 목 늘어난 셔츠만 입는다.
이게 내 살인지 옷인지도 모를 만큼 구질구질하게.
그 꼴을 물끄러미 보던 아내가
늘어난 목을 잡아당기며 툭, 웃는다.

"이제야 좀 사람 냄새나네."

그 무심한 한마디가
헐거워진 내 어깨 위에

가장 따뜻한 다림질이 된다.

나는 셔츠의 헐거운 목덜미를 만지작거린다.
다음번 실밥이 터질 땐,
또 무엇이 내 안에서 왈칵, 흘러나올까.
왠지, 서글프지가 않다.

## 가장 소중한 것들을
## 가장 낮은 기어로 마흔아홉

내 몸의 계기판이 고장 났다.
시간은 헛바퀴만 돌고, 어제와 오늘은
같은 풍경 속에서 멀미처럼 흐릿했다.
의자 파인 자국은 깊어지고, 구두 굽은
더는 닳을 곳도 없이 문드러졌다.

그러다 어느 날 저녁, 밥을 먹다 말고
너희를 보는데, 숨이 쿵, 하고 막혔다.
한 놈은 립스틱을 덧바르고, 한 놈은
내가 모르는 세상을 말하고 있었다.
언제 저렇게들 자라나, 저만치 멀어졌나.

내 눈은 너무 느려서 너희의 시간을,
그 눈부신 속도를 담아내지 못했다.

퇴근길, 앞차 꽁무니만 보던 눈에
옆자리 아내의 흰머리 몇 가닥이 들어왔다.
방문 틈으로 밤늦도록 새어 나오던
너희의 불빛이, 세상에서 가장 아까운 연료였음을.
나는 너무 오래, 눈을 감고 과속을 했다.

아, 시간을 늘리는 법은 다른 게 아니었다.
연비를 높이는 것이었다.
엑셀에서 발을 떼고, 창문을 열고,
지금 내 옆자리에 누가 타고 있는지
제대로, 아프게 들여다보는 것이었다.
가장 소중한 것들을 가장 낮은 기어로,
천천히, 오래도록 실어 나르는 것이었다.

나는 이제 가끔, 길가에 차를 세운다.

약속 시간에 늦을지도 모른다는 불안 대신,

너희를 기다리게 한 채, 말없이 노을을 본다.

흘러가 버리는 시간이 아니라, 닳아 없어지는 연료가 아니라,

계기판 위로 차곡차곡 쌓여가는

이 묵직한 주행거리야말로,

내 삶의 유일한 훈장이었음을.

# 사냥의 시간

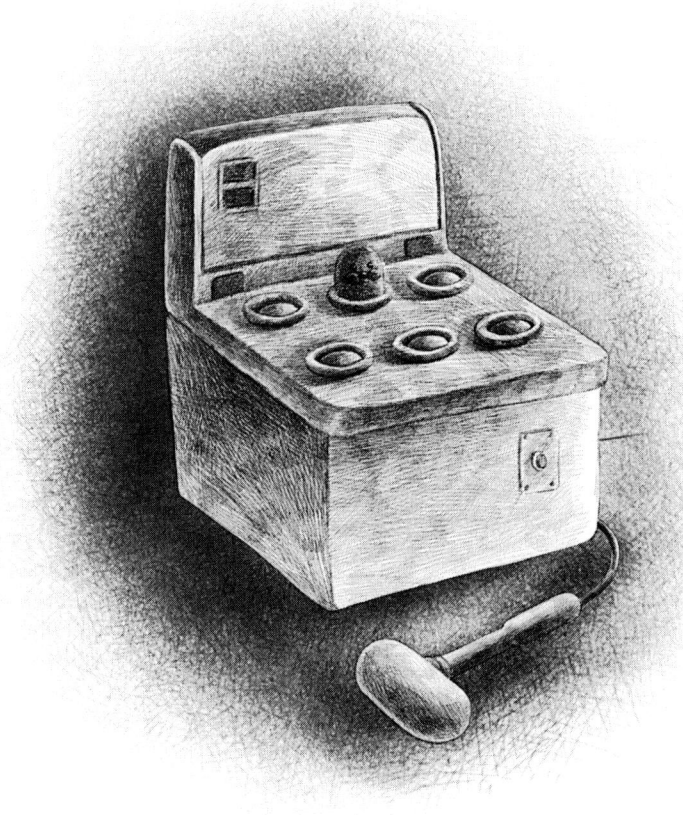

제1부  두 번째 외투, 오늘의 무게

어머니는 평생, 같은 후회를 국에 말아 드셨다.
"외할머니가 나를 공부만 시켰어도…"
더 나은 삶, 조금은 덜 고된 생을 살았을 것이라는
그 지독한 '만약'이라는 가정법.

나는 그 한탄을 자장가 삼아 자랐는데,
마흔아홉,
나 역시 똑같은 후회를 소주에 타서 마신다.
"사업은, 젊을 때 했어야 했는데…"
어머니의 '만약'과 나의 '만약'은
참 서글프게도, 같은 맛이 났다.

동네 슈퍼 앞 평상,
자글자글한 주름의 사내들이
쓰디쓴 소주에 젊은 날의 무용담을 안주 삼아 씹어댈 때,
그 옆에선,
요란한 불빛과 함께 뽕뽕, 솟구치는 두더지 대가리를

어린놈 하나가 쾅, 하고 인정사정없이 내려치고 있었다.

나도 저럴 때가 있었지.
머릿속에서 아이디어라는 놈들이
두더지처럼 쉴 새 없이 고개를 쳐들던 시절.
'이게 돈이 될까?', '실패하면 어쩌지?'
그런 복잡한 계산 따위는 없었다.
튀어나오면, 그냥 내려치면 그만이었다.
그것이 젊음이라는 이름의, 본능의 사냥이었다.

나이가 든다는 것은,
머릿속에 너무 많은 신호등이 켜지는 일.
'저 두더지가 진짜 점수 높은 놈일까?'
'헛스윙하면 옆 사람이 비웃지 않을까?'
생각이 길어질수록 다리는 무거워지고,
간신히 들어 올린 망치는
이미 사라진 허공을, 민망하게 가를 뿐이다.

어느새 두더지가 튀어나오는 속도보다
내 머릿속 계산기가 돌아가는 속도가 더 빨라져 버렸다.

나는 본다.
오늘도 망치 한번 제대로 휘둘러보지 못하고

소주잔을 기울이는 저 늙은 사내의 내일이,
결국 나의 오늘이 될 것이라는 것을.
그리고 지금,
세상 무서운 줄 모르고 두더지 대가리를 박살 내는 저 어린놈이,
어제의 나였음을.

어머니,
이제야 당신의 그 지독한 한탄을 알겠습니다.
사냥은,
정말이지, 본능이 계산보다 빠르던
바로 그때 해야 했습니다.

## 쌀과의 전쟁

내 몸뚱어리, 이놈의 영토를 지키기 위한
구질구질한 내전이 시작됐다.
턱걸이로 얻은 근육 위로 지방 군단이 깃발을 꽂고
애들은 아빠 배를 만지며 "밥 한 솥 있네" 낄낄댄다.
의사 양반은 갱년기니 호르몬이니 딴청만 피우고,
결국 이 모든 반란의 주범은,
저 하얀 쌀밥, 그 빌어먹을 윤기였다.

수천 년간 조상님의 뱃속을 채워 온 저 위대한 탄수화물.
그놈의 지배를 절대왕정에서 봉건정으로 낮추려
닭가슴살의 퍽퍽함과 풀떼기의 서늘함으로 버텼건만,
맵고 짜고 진한 반찬 부대가 쌀밥 폐하를 앞세워

내 헛바닥을 쿵쿵쾅쾅 두드리면
나는 속절없이 무너지는 백기 든 패잔병이었다.

진짜 전투는 밤 열 시, 등화관제 속에 시작된다.
적군의 심리전은 고소한 라면스프 연막탄으로 코를 찌르고
주방 쪽에서 들려오는 환청으로 귀를 흔든다.
나의 마지막 보루는 책, 이 두꺼운 방패뿐.
가슴팍에 올려둔 이놈의 무게에 짓눌려
까무룩, 잠의 참호 속으로 겨우 몸을 숨겼다.

그러다 가끔, 아군인 줄 알았던 놈이 배신을 때린다.
방패가 칼이 되어 잠의 참호를 찢어버리는 밤,
허기라는 포탄이 기어코 방어선을 뚫어버리는 밤.

나는 터덜터덜, 차가운 항복의 땅을 밟으며 중얼거린다.
에라, 모르겠다. 다 먹고살자고 하는 짓인데.
이 지긋지긋한 영토 분쟁엔, 종전이란 없다.
내일 아침 부엌의 불빛은, 다시 전장의 새벽을 밝힐 테니.

## 불면의 정원

잠이 오지 않는 밤,
내 몸 안에서 축축한 흙냄새가 난다.
혈관은 녹슨 수도관, 숨결은 외풍 따위가 되어
모든 온기가 빠져나간 텅 빈 집.

밤의 적막을 뚫고
잊었던 후회들이 흙 묻은 발로 쿵쿵, 갈비뼈를 서성이고,
불안이라는 짐승은 밤새도록
문틈으로 발톱 가는 소리를 낸다.

나는 눈을 감는다.
몸속 가장 깊은 곳에서, 기괴한 것들이 뿌리를 내린다.

삼키지 못한 말들은 돌멩이가 되어 명치에 쌓이고,
그 위로 차가운 이끼가 핀다.
베개에 몰래 훔친 눈물은 짠 소금기로 뭉쳐
귓가에서 하얀 버섯으로 자라나 희미하게 빛을 낸다.

갚지 못한 빚들은 질긴 담쟁이처럼 발목을 휘감고,
어머니의 굽은 등이 내 등뼈에 뿌리내려
하나의 늙은 고목이 되어간다.

새벽 세 시,
멀리서 사이렌 소리 하나가
늑골로 만든 창문을 길게, 할퀴고 지나간다.
그 소리에 핏줄 같은 덩굴들이 움찔, 몸을 떤다.

이 정원의 정원사는 나 하나뿐.
뽑아낼 힘도, 도망칠 곳도 없어
그저 이 엉망진창의 일부가 되어 밤을 지새운다.

창밖이 희미하게 밝아올 때까지.

짠맛 나는 버섯의 갓을 그저 만져보고,
등뼈에 뿌리 내린 고목의 거친 살결을
잠든 아내의 등을 쓸어주듯,
가만히, 쓸어줄 뿐이다.

## 구멍 난 방

방에 구멍이 났다.
아니, 내 몸 한가운데
커다란 구멍이 뚫렸던가.

온몸의 색깔과 소리가
그 검은 구멍으로 빨려 들어갔다.

피가 빠져나가고서야 찾아오는
구질구질한 안도감,
그것만이 내 편이었다.

의사는 3분짜리 질문 끝에 약을 늘렸고,

나는 뜬눈으로 밤을 새우다
억지로 잠을 늘렸다.

머리털이 한 움큼씩 빠져나갔다.
베개 위에 수북한 절망을 봐도 무덤덤했다.
등 뒤에서 시작된 첫 번째 구멍은
보이지 않아 슬프지 않았다.

두 번째, 세 번째 구멍이 거울 속에 비쳐도
나는 그저 딴청을 피웠다.

어차피 모두들
제 한두 개쯤의 구멍은 안고 사는 것 아닌가,
모를 일이다.

밤이 오면 벽이 나를 조여왔고,
나는 차를 몰았다.

장맛비 쏟아지는 시골길,
불빛 하나 없는 어둠 속으로.

숨통이 밧줄처럼 쿵쾅쿵쾅, 조여왔다.
심장이 갈비뼈를 부술 듯 날뛰었다.

나는 차 문을 열고
쏟아지는 빗속에 몸을 던졌다.
여기선 숨이 쉬어질까.
아스팔트의 차가운 온도가
유일한 진실 같았다.

한참 뒤, 불빛이 번쩍이고
바보 같은 얼굴들이 나를 내려다보며 물었다.
"술 얼마나 마셨어요? 마약 했어요?"

개뿔도 모르는 소리.

나는 그저, 내 안의 구멍으로
온 세상이 빨려 들어가는 중이었을 뿐,
숨 쉬는 법을 잊었을 뿐이다.

죽음은 남은 이들에게 민폐라고,
아이들 얼굴이 어른거려
함부로 아프지도 못하는
서툰 어깨를 다독였다.

어느 날, 약봉지 대신
친구 놈이 손을 내밀었다.
아무 말 없이, 그저 내 어깨를 툭, 치며 말했다.

"야, 인마. 네 잘못이 아니야."

수백 알의 약보다,
수천 개의 위로보다,

그저 곁에서 함께 맞아주던 밤비 한 줄기.
그것이 내 엉망진창 세상의
유일한 처방전이었다.

그래서 나는 이제 글을 쓴다.
잉크 냄새에 내 구멍을 메우고,
문장들로 너덜너덜한 삶을 깁는다.

이것은 나의 가장 구질구질한 생존 신고서이자,
어딘가 홀로 비 맞고 있을 당신에게 보내는
서툰 등불이다.

괜찮다는 거짓말 대신,
나도 그랬다고.
혼자라고 생각하지 마라.
당신의 구멍 난 방,
그 가장 서늘하고 축축한 구석에

나도 함께 웅크리고 앉아,

내 체온을 포개어 놓을 테니.

이제 우리는,
이 지긋지긋한 방에서 함께 있다.

(숨이 턱까지 차오르는 이들을 위해, 문장의 호흡을 짧게 끊어 썼다.)

## 함께 그리는 지도

"나 요즘 열이 많아, 갱년기인가 봐."

아내의 그 한마디에, 나는
내 안의 가장 비겁한 놈이 슬그머니 고개를 드는 것을 보았다.
회식 핑계를 대고, 야근을 자처하며
이 불길을 피할 궁리만 했다.
자리를 피했다가 돌아온다는 어느 남편의 현명함이
그저 부러웠을 뿐.

갱(更).
다시, 고친다는 뜻이라 했다.
여자는 한겨울에도 창문을 여는 뜨거운 홍조로

제 안의 용광로를 다스리고,
남자는 한여름에도 이불을 찾는 잦아드는 무기력으로
제 삶의 썰물을 견딘다는 것.
병이 아니라, 다만 다른 계절이 시작되는 것일 뿐이라고.

회의 중 얼굴이 달아오른 동료에게
다른 동료가 속삭였다는 그 말, "나도 그래요."

그 한마디가 얼마나 큰 위로였을까.
혼자 걷는 길이 아니라는 그 서툰 연대.
나는 도망칠 생각만 했지, 손 내밀 생각은 왜 못했던가.
해결할 수 없는 문제 앞에서 남자는
그저 등을 돌리는 법만 배웠던가.

아내의 불길 속에서 나는 나의 한기를 본다.
당신은 이유 없이 뜨거워지고 나는 이유 없이 가라앉는다.
이유 없이 눈물이 터지고, 작은 일에도 예민해지는

우리의 서툰 두 번째 사춘기.
이것은 혼란이 아니라,
서로에게 솔직해질 마지막 기회였음을.

그러니 당신이 다시, "나 요즘 열이 많아"라고 말할 때
나는 이제 도망치지 않으리라.
멋쩍게 웃으며 당신 손을 잡고, 나지막이 말하리라.

"괜찮아? 나도 요즘 영 힘이 없네.
우리, 같이 새로운 지도나 한번 그려볼까?"

낡은 약속 대신 따뜻한 찻잔을 건네고,
정답 없는 질문에 함께 고개를 갸웃거리는,
그런 서툰 길이라도 좋다.
길 끝이 어딘지는 몰라도,
함께라면 길을 잃어도 괜찮을 테니.

제2부

첫 번째 외투,
기억의 흉터

그의 어깨는 어째서 이토록 단단해졌을까. 시간을 거슬러 올라가 그의 첫 번째 외투를 들춘다. 닳아빠진 옷깃에는 지나간 계절의 냄새가, 해진 소맷부리에는 미처 닦지 못한 눈물 자국이 선명하다. 심장에 박힌 쇠못, 흙먼지 뒤섞인 쌀알, 부도난 사랑의 장부. 그의 모든 걸음은 이 흉터들 위를 딛고 여기까지 왔다. 잊으려 해도 잊을 수 없는, 그래서 결국 껴안고 살아야 하는, 우리가 기워 입고 버텨온 그 모든 시간에 대한 기록이다.

# 못

달력이 몇 장이나 찢겨 나갔지만
내 벽에 걸린 시간은
당신이 떠난 그날에 못 박혀,
눅눅하게 녹슬어가는 중이다.

창밖엔 지겹도록 계절이 오갔지만
내 방엔, 풍경이 없다.
그날 내 어깨 위로 떨어진 건
뜨거운 눈물이 아니었다.
내 모든 시간을 꿰뚫고
심장에 제 몸을 박아 넣은
차가운 쇠못,
하나였다.

밤마다 붉은 장판을 종이 삼아
꾹꾹 눌러쓴 '보고 싶다'는
번지고 뭉개져

종이 대신 내 속을 파고들어,
텅 빈 구멍이 되었다.

사람들은 다른 못을 뽑으라 했지만
개뿔,
세상엔 당신과, 당신 아닌 소음만 있을 뿐.

그날 벗어놓고 간 당신의 코트만이
늙지도 않고 의자에 걸려 있다.
나는 가끔 그 옷에 얼굴을 묻고
내 안에서 서늘하게 빛나는
못의 머리를 더듬는다.

이제 이것이,
나의 유일한 중심이다.

## 지난날, 우리는 모두 유재하였다

밤늦은 책상머리,
스탠드 불빛만이 나의 유일한 영토이던 시절
나는 닳아빠진 '마이마이'에
그의 앨범을 집어넣고 가만히, PLAY를 눌렀다.
"지난 옛일 모두 기쁨이라고 하면서도"
늘어질세라 연필로 조심스럽게 되감던 A면 첫 번째 곡.

서늘하고 투명한 피아노 선율이
내 좁은 방의 공기를 바꾸고
어깨에 힘주지 않는 그의 목소리가
내 서툰 어깨를 가만히, 감싸주었다.
세상이 너무 크고 내가 너무 작게 느껴지던 밤,

그의 노래는 나보다 먼저 울어주는 유일한 친구였다.

"일부러 그랬는지 잊어버렸는지"
잉크가 번지던 〈우울한 편지〉의 첫 소절.
꾹꾹 눌러쓴 노트는 나의 첫 시가 되고,
띄어쓰기 서툰 연서가 되었다.
아무에게도 들키고 싶지 않았던 나의 첫 독백이었다.

버스 창가에 기대어 〈가리워진 길〉을 들으면
"보일 듯 말 듯 가물거리는 안개 속에 싸인 길"
내 희미한 미래가 창밖으로 아른거렸다.
첫사랑의 집 앞에서 서성이던 내 그림자까지,
그의 노래는 내 모든 풍경의 배경음악이었다.

이제, 늘어질 테이프가 없는 시대를 산다.
차가운 유리창 위를 손가락으로 밀어
그의 노래를 재생한다.

편리해진 세상만큼 감성은 무뎌졌는데,

이상하지,
똑같은 노래인데 눈물이 나는 이유가 달라졌다.
열일곱의 나는 아직 가보지 않은 길 위에서
그저 아름다워서 울었고,
마흔아홉의 나는 이제 돌이킬 수 없는 길 위에서
지나온 모든 것이 너무 선명해서 운다.

그의 노래는 박물관이 아니라
가끔은 들여다보기 두려운 거울이다.

"처음 느낀 그대 눈빛은 혼자만의 오해였던가요"
PLAY를 누르면 그의 목소리가 아니라,
서툴러서 망쳐버린 첫사랑과
닳아버린 내 젊음과 지켜주지 못한 낡은 약속들이
그 투명한 선율 속에서 나 대신, 노래를 부른다.

유재하.

그의 단 한 장의 앨범은,

우리 세대의 가장 아리고 눈부신 시절을 담아놓은

하나의 투명한 유리관이다

그 시절의 나는,

영원히 그곳에 박제되었다.

## 노란 갱지 봉투

소년한국일보 한 귀퉁이, 오디션 광고 하나가
시골 탄광촌 촌뜨기 가슴을 쿵쾅쿵쾅 두드렸다.
내 안에 잠자던 서툰 관종이 꿈틀거렸던 걸까.
3번 버스를 타고 종점에서 종점까지,
한 시간 넘게 덜컹거리며 갔다.
같이 간 여자애들 얼굴은 희미한데,
마유미라 놀려댔던 마연희, 그 애만 선명하다.
집 전화도 없던 시절, 합격 통지는
학교 칠판 위로 하얗게 날아와 박혔다.

가뜩이나 구질구질한 살림에
내가 또 짐을 얹는다는 막막함.

며칠을 끙끙 앓았다. 이제 와 생각하니,
내 철없는 고민이 어머니의 막막함보다 깊었을까.
그렇게 나는 배우가 되었다.
학교 대신 충무로 골목을 누볐고
카메라 앞에서 울라면 울고 웃으라면 웃었다.
촬영이 끝나면 노란 갱지 봉투를 손에 쥐었다.
두둑한 현금의 감촉,
그것은 우리 집의 다음 며칠을 버티게 할, 서글픈 무게였다.

어머니는 그 돈으로 명절 대목 남대문 시장에 갔다.
내 손을 꼭 잡고, 여기서 길 잃으면 미아 된다, 겁을 주며
최고급 부르뎅 아동복으로 나를 치장했다.
어깨에 힘이 들어갔지만, 나는 애써 외면했다.
짜장면 한 그릇 600원 하던 시절,
행상에서 팔던 600원짜리 바나나 한 개를 내 입에 넣어주곤
어머니는 또 며칠을 물로 배를 채웠을 거라는 사실을.

달동네 가파른 길을
봇짐 하나에 온몸을 싣고 오르던 어머니.
내가 아니었더라면 그 봇짐의 무게는
조금은 가벼웠을까.
어머니의 허리가 묵은 빚처럼 굽어갈 무렵,
내 서툰 연기 인생도 막을 내렸다.

쌀이 떨어진 어느 여름날,
앓아누운 어머니가 땀 밴 돈을 쥐어주며
쌀 반 말을 사 오라 했다.

같은 반 친구네 쌀집이 창피해서
버스로 세 정거장, 그 먼 길을 걸었다.
돌아오는 길, 등줄기 땀에 축축이 젖은 갱지 봉투가
푹, 하고 폭죽처럼 터져버렸다.

길바닥에 쏟아진 흰 쌀알들.

나는 울부짖으며 흙과 먼지가 뒤섞인 쌀을
악착같이 주워 담았다. 이놈의 가난이 지긋지긋했다.
하지만 한참이 지나 흙투성이로 돌아온 아들 앞에서,
어머니는 아무 말 없이, 그저 쌀을 씻어낼 뿐이었다.
내 울음소리마저 삼켜버리는 그 거대한 침묵 앞에서,
나는 얼마나 작고, 또 초라했던가.

그렇게 나는 배우가 되었고,
배우였던 내가 엉망진창으로 싫었다.

그러나 이제 중년이 된 내 손은, 두 딸의 손을 잡는다.
아이들이 망설임 없이 바나나를 집어 들 때면
나는 말없이 두 개, 세 개를 더 얹어준다.
이 달콤함의 값을 나는 알기에.

길바닥의 흙먼지를 씻어내던 어머니의 그 서늘한 손길과,
내 울음소리마저 잠재우던 그 위대한 침묵이

지금의 내 손에 물려준 유산이기에.

살면서 누구나 한 번쯤은,
쌀자루 터뜨리듯 제 희망을
길바닥에 쏟아본 적 있지 않은가.
흙먼지 뒤집어쓴 밥알들을
울면서 손톱으로 긁어모아 본 적 있지 않은가.
그리고 그 흙투성이 쌀 한 톨까지,
아무 말 없이 씻어주던
그 묵묵한 등 하나를
평생 빚처럼 지고 살아가는 것 아닌가.

# 모래의 장부

제2부 첫 번째 외투, 기억의 흉터

나는 너라는 창구 앞에 서서
잔고도 없는 심장을 꺼내놓았다.
명백한 인출 사고였다.

등에 업은 삶의 무게를 아는 자는
언제나 브레이크부터 밟는 법을 배우지만
그날, 빌어먹을, 내 발은 모래 해변 위에서
액셀을 끝까지 밟아버렸다.

벗어나려 발버둥 칠수록
타이어는 징그럽게 제자리로 돌아오고
그 동그라미의 한가운데,
언제나 네가 서 있었다.

모래로 쌓은 집은, 파도가 오기 전에
제 발로 먼저 뭉개버리는 법.
망가질 순간을 견딜 자신이 없어서가 아니라

그 두려움을 먼저 삼켜버리려고.
네가 그랬고, 나도 그랬다.

"…헤어져."
그 한마디는, 이 관계의 최종 부도(不渡)를 찍는
서늘하고 명백한 확인 도장이었다.

"좋아해. 나쁜 놈인 거 아는데… 그냥 할게. 나쁜 놈."
그건 고백이 아니었다.
마이너스 인생이라 웅크린 내가 네게 내민 손은
찢어질 걸 알면서도 받아 든, 위태로운 어음이었다.

우리는 서로의 구멍 난 주머니를 들여다보다
속절없이 함께 가라앉았다.

그래서 나는 이제 그 창구 쪽을 보지 않는다.
내가 뱉은 마음에 책임지기 위해.

이 구질구질한 마음의 바닥을,
또다시 너에게 들키게 될까 봐.

망각 같은 건, 책에나 나오는 소리고.
내 낡은 장부엔, 지워지지 않는 네 이름만
검은 얼룩으로 번져 있다.

인생의 한 시절, 우리는 분명 서로의 흠집에 기댔었다.
반했고, 설렜고, 어리석었고, 후회했다.
근데 말이다, 우리의 그 시간.
그게 사랑은 맞았을까.

아니면, 서로의 텅 빈 잔고를 채워주려던
세상에서 가장 서툰 송금(送金)이었을까.

모를 일이다.
모든 장부는 결국 모래가 되고,

바람은 그 위를, 아무것도 기록하지 않고
그저 불어갈 뿐이니.

## 지도에 없는 바다

열아홉, 방학식 날 밤의 청량리역은 우리들의 해방구였다.
마지막 밤 기차에 몸을 구겨 넣고
밤새 삐걱거리는 어둠을 달려 도착한 새벽의 망상.
해변을 가득 메운 텐트들은
엉망진창으로 빛나던 우리들의 성채였다.

밤이 오면, 바다는 검은 도화지가 아니었다.
수평선 너머로 일제히 불을 밝히던 오징어 배들.
그것은 길 잃은 청춘을 위한 등대였고,
가진 것 없어도
얼마든지 풍요로울 수 있다는 서툰 신앙이었다.
포장마차 플라스틱 의자에 눌어붙어

만 원 한 장이면 접시가 넘치도록 썰어주던 오징어회.
그 쫄깃함은 다만 식감이 아니라,
우리가 씹어 삼키던 젊음의 다른 이름이었다.

그런데 오늘, 손바닥만 한 화면 속 활자들이 속삭인다.
그 많던 오징어들이 동해가 아닌 서해로 떠났다고.
과학자 양반들은 수온 탓이라지만, 개뿔.
내 기억 속 동해는 여전히 불야성이어야 하는데.

그 많던 불빛들은 다 어디로 증발했나.
삼치와 방어가 그 자리를 메운다는 소식은
위로가 되지 않는다.
우리가 사랑한 것은 오징어가 아니라,
오징어 배 불빛으로 일렁이던 바로 그 바다였으므로.

'같은 강물에 두 번 발 담글 수 없다'던
그리스 늙은 철학자의 말이 비수처럼 박힌다.

어제의 지도를 들고 오늘의 바다를 찾으려 했으니
발밑이 푹푹 꺼지는 것은 당연한 일.
내비게이션에도 없는 유배지를 헤매는 기분이다.

이제 나는 내 아이들에게 지도에도 없는 바다를 이야기한다.
아빠가 스무 살 적엔 말이다,
이 캄캄한 바다에 별들보다 더 많은 불빛이 떴단다.
그 불빛 아래서 우리는 값싼 소주를 마시고,
영원할 것처럼 서로의 어깨에 기대어 웃었지.
아이들은 믿지 못할 것이다.

나조차도 이제는 꿈이었던가 싶으니.

그렇게 우리는 모두,
자신만의 사라진 오징어 떼를 가슴에 품고 살아간다.
오늘 밤, 동해는 말이 없다.
내 젊음이 묻힌 이 바다는 이제,
제 이름마저 낯설어진 망망대해일 뿐이다.

## 364일의 크리스마스

유튜브가 띄워준 낡은 영상 속,
1990년의 명동 거리가 되살아났다.
얼얼한 뺨 위로 하얀 입김이 피고
온 거리를 휘젓던 캐럴 소리에
귀가 떨어져 나갈 듯한 추위도 녹아내리던 그 밤,
나는 저 반짝이는 인파 속에 분명히 있었다.

스마트폰이 없어도 밤은 짧았다.
카드를 만드는 시간은 그 자체로 선물이었으니.
서툰 가위질에 묻어나던 풀 냄새,
손끝에 남은 반짝이 가루를 후, 불어 날리던 순간.
꾹꾹 눌러쓴 마음을 우체통에 넣고 돌아서면
온 세상이 내 편인 것 같았다.

언제부터였을까.

캐럴은 차가운 법전 속에 봉인되고

더는 거리의 눈송이가 되지 못했다.

산타의 썰매 대신 아이들은

문 앞에 찍히는 검은 숫자들을 세어 기다린다.

크리스마스는 이제,

조금 긴 주말, 그 이상도 이하도 아닌

달력 위의 무심한 빨간 숫자가 되었다.


잘 가라, 나의 크리스마스여.

나는 이번에도 네 덕분에 행복했다.

내년에는 조금 더 시끄럽고 유난스럽게

돌아와 주기를 바라지만,

세상이 그리 녹록지 않다는 걸 이제는 안다.


그래서 나는,

오늘부터 너를 기다리는 방식으로 살기로 한다.

내 마음의 달력은 언제나 12월 24일에 멈춰두고,

삼백육십사 일을

잃어버린 캐럴을 흥얼거리고

받지 못할 카드를 쓰는 마음으로.

그렇게 온 세상이 잠든 후에도 홀로 반짝이는

나의 크리스마스를 살아내기로 한다.

어쩌면 당신의 낡은 달력도

아직 그날에 멈춰있는 것은 아닌지.

## 우리가 공유했던 감각에 대하여

야근이 끝난 텅 빈 사무실,
무심코 펜을 집으려다,
당신이 쓰던 찻잔을 건드렸다.
한때는 온기를 담았을 그릇은
이제 차가운 펜을 세워두는 연필꽂이가 되어,
내 책상 한쪽을 묵묵히 지키고 있다.

사랑이란, 결국
같은 온도를 공유하는 일이었음을.
하나의 이어폰을 나눠 끼고 듣던 낡은 노래,
뜨거운 국밥을 후후, 불어가며 나눠 먹던 저녁,
엔딩 크레딧이 다 올라간 뒤의 그 막막한 어둠을

서로의 어깨에 기대어 함께, 견디던 시간.
우리의 계절은 그렇게, 같은 온도로 흘렀다.

이제 혼자 보는 영화는 자막만 읽다 나온다.
벅찬 감정을 나눌 곳 없어
고장 난 수도꼭지처럼, 마음이 멋대로 샌다.
이럴 때면 가장 가까운 놈에게 전화해
"사랑한다, 이 새끼야" 소리치고 싶어지는
그런 옆구리 시린 밤.

이미 끝났다는 걸, 머리로는 안다.
그런데 이놈의 마음은,
고장 난 라디오처럼 그 시절의 주파수에서
내려올 줄을 모른다.
차가운 도자기의 감촉 하나가
굳어버린 내 마음을 이렇게 속절없이 흔든다.
이것이 미련인지,

아니면 충분히 사랑받지 못했던 어린 날의 내가
당신에게 여전히, 온기를 구걸하는 것인지.

불 꺼진 도시의 밤하늘엔 별 하나 없다.
말하지 못한 마음은 쉽게 굳고, 굳은 마음은 쉽게 부서진다.
나는 그래서,
차가운 립밤을 입술 대신 인중에 대고
당신의 이름을 작게, 중얼거려본다.
소원은 때로, 가장 서툰 방식으로 발화되므로.

결국 내게 남은 사랑이란,
이렇게 오래 머무는 기억의 감각이었음을.
사랑은 상처를 남기지만,
함께 앓았던 그 감각의 온기는 닳아빠진 스웨터처럼,
상처 위를 어설프게 덮어준다.
나는 오늘,
그 싸구려 과일 향을 희미한 온기처럼 들이마시며
당신 없는 이 지독한 계절을, 또 하루 버텨낸다.

## 저문 강에 그림자를 씻고

해 질 녘,
하루 종일 나를 따라다닌
길고 검은 그림자 하나를 데리고
저문 섬강으로 간다.
사무실의 잿빛 먼지와
의미 없는 웃음이 엉겨, 무거워진 그림자.

흐르는 것에 더러운 것을 씻는다는
어머니의, 그 어머니의 시절처럼
나는 강물에,
내 고단한 그림자를 헹군다.

풍요로운 시대라는데, 강가에는 나 혼자다.
쌀을 씻던 어머니들은
쌀뜨물은 버렸어도 마음의 허기는 없었다는데,
배달 음식이 식어가는 밤,
내 마음의 그릇은 텅 비어 허기만 찰랑인다.

수천 개의 이름이 액정 위를 떠다니는데
기댈 어깨 하나 없다.
네모난 창이 세상의 모든 답을 알려주지만
나는 오늘, 내 마음 하나 읽지 못하는
더 깊은 무지(無知) 속에 갇혔다.

저문 강물에 씻겨 내려가지 않는
우리 시대의 잿빛 노을을 보며,
나는 그 시절의 푸른 하늘이,
사무치게 그립다.

그림자를 씻는다고
내일의 어깨가 가벼워질 리 없음을 알지만,
흐르는 강물에,
먹을 것 없는 우리 마음의 마을을
잠시, 띄워 보낼 뿐이다.
우리들의 서러움에 대해 나는 말을 아낀다.
강물만이, 내 검은 울음을
말없이, 건너보낼 뿐.

## 가을의 사면(赦免)

여름이라는 길고 흰 복도를 지나왔다.
숨 막히는 열병의 시간,
세상은 온통 눈부시게 끓어오르는데
나는 내 작은 방, 그늘 한 뼘의 감옥에 갇혀 있었다.

그러다 어느 날, 끓어오르던 열기의 벽에
첫 균열을 내며, 바람이 불었다.
어릴 적, 기차를 기다리던 텅 빈 플랫폼의
그 서늘하고 아릿한 냄새.
나의 길고 흰 수감 생활에 내려진
소리 없는, 사면(赦免)이었다.

그제야 나는, 이불 밖으로 발을 내민다.
맨발에 감기는 마룻바닥의 서늘한 위로.
인공의 바람이 아닌, 흙냄새를 품은 진짜 바람.
그리고 마침내, 덜 더운 공기 속을
당신과 나란히 걸을 수 있는, 저녁.

물론 안다, 이 눈부신 해방은 짧고
곧 마른 가지 끝에 겨울이 와 앉으리라는 것을.
하지만 가을은, 짧기에, 모든 것을 내어준다.
우리의 좋은 날도, 찰나이기에, 영원이 된다.

그러니 나는, 더 좋아할 만한 것을 찾지 않는다.
그저, 당신 곁에서 스쳐 가는 모든 찰나를,
나의 가장 눈부신 가을이라, 부를 뿐이다.

## 제3부

## 낡은 외투의 먼지를 털며

과거와 현재라는 두 개의 외투를 모두 입어본 남자는, 문득 옷에 묻은 먼지를 털어낸다. 그리고 묻는다. 이 길의 끝은 어디일까, 나는 제대로 가고 있는 걸까. 그의 시선은 이제 자신의 내면을 넘어, 우리가 함께 앓고 있는 시대의 열병과 역사의 상처를 향한다. 실패마저 부러워해야 하는 세상과, 무엇을 박고 무엇을 뽑아야 할지 모르는 혼돈 속에서 그는 길을 잃는다. 정답은 없어도, 우리는 그의 삐딱하고도 절실한 질문들과 함께 걸어야만 한다.

## 양머리 망치

확성기 든 장사치들 소란에
내 머릿속이 온종일 쿵쾅대는 공사장이다.
이쪽은 이게 약, 저쪽은 저게 명약.
귓가에다 대고 악을 써대니 정신이 하나도 없다.

내 어린 시절, 아버지는 신문을 반듯하게 접었다.
잉크 냄새 배인 묵직한 침묵으로
세상이 바로 세워진다 믿었던 양반.
그러나 그 활자는 빛바랬고, 지금 내 손안에선
부글대는 댓글과 푸다닥거리는 영상에 세상이 쪼개진다.

뒷짐 지고 헛기침만 하던 그들은

어느새 저잣거리 판을 다 넘겨줬다.
사람들은 이제 벌건 속살 긁어주는 약장수에게 줄을 서고
머리 아픈 처방전 대신,
싸구려 막걸리에 오늘의 시름을 녹인다.

나는 어디에 줄을 서야 하나.
한 손엔 못 박는 망치, 다른 손엔 못 뽑는 양머리를 든 채
멀뚱히 서 있다.
"대표님도 그 방송 보세요?"
점심상 위로 날아온 질문에 헛기침이 먼저 나온다.
"밥이나 먹자." 어색하게 웃어넘긴다.

엉망진창이다, 정말.
진실은 저 시끄러운 광장에 있는 게 아니라
"세상에서 뭘 믿어야 해?" 물었을 때,
"아빠가 만든 계란말이!" 외치는 딸내미 웃음소리에,
드라마 보던 아내가 툭 던지는 타박에 있는지도 모를 일.

신문을 덮던 아버지처럼, 나는 시끄러운 화면을 덮는다.
어디에 못을 박고 어디서 못을 뽑아야 할지
여전히 알 수 없는 세상 한가운데서
나는 망치 대신, 식은 찻잔을 두 손으로 감싸 쥔다.

미지근한 온기가 갈라진 손금 사이로
겨우, 스며든다.
그래, 내일 아침 저 계란말이를 부쳐줄 힘이나 남겨두면,
그걸로 된 거다.

## 벼락거지 예찬

아홉 시 뉴스 앵커 양반 얼굴에 함박꽃이 피었다.
코스피가 어쩌고, 개미들이 저쩌고,
화면에선 시뻘건 불기둥이 쿵쾅쿵쾅 솟구치는데
나는 텅 빈 사무실 의자에 눌어붙어,
다가올 월급날에 쉴 한숨을 미리 세고 있다.
어제 만난 친구 놈은 주식으로 집을 샀다 하고,
어쩌다 만난 동창 놈은 코인으로 인생 역전을 했단다.
나는 어제와 똑같이 허리를 굽혀 서류에 도장을 찍었을 뿐인데
자고 일어났더니 벼락거지가 되어 있었다.

'성실'이라는 단어가 제일 멍청한 말이 되어버린 세상.
땀 흘려 번 돈은 기름때 묻은 지폐 몇 장이고,

숫자놀음으로 번 돈은 시대를 읽는 지혜란다.
애덤 스미스인지 나발인지,
'보이지 않는 손'이 시장을 움직인다더니,
그 손이 내 뒤통수를 후려칠 줄은 개뿔 몰랐지.
정직하게 일하면 언젠간 볕 들 날 온다는
옛 어른들 하시던 그 말은 이제 폐기 처분할 때가 됐다.

다들 미친 듯이 달리는 기차에 나만 못 올라탄 기분.
창밖에서 손 흔드는 놈들은 다 아는 얼굴들인데,
나는 웬 놈의 기찻길 옆에 서서
삐걱거리는 두 다리로 다음 역까지 걸어갈 판이다.
이게 다 내 탓이라 한다.
왜 진작 올라타지 않았냐고, 왜 너만 그렇게 미련했냐고.
그러게 말이다. 나는 왜,
숫자보다 뚝배기에서 부글부글 끓는 된장찌개 냄새를 더 믿
었던 걸까.

에이, 엉망진창이다.

오늘은 그냥 이 거지 같은 신세를 예찬이나 하자.

건배하자, 이 땅의 모든 벼락거지들이여.

저 허공의 숫자놀음이 언젠가 와르르 무너져 내릴 때,

우리에겐 밟고 일어설 땅이 있고, 기댈 서로의 어깨가 있다.

구멍 난 주머니에선 돈 대신 쓴웃음이 쏟아져도,

그 손으로 우리는 서로의 등을 두드려주자.

그것이 숫자 한 줄에 목숨 거는 놈들은 평생 모를,

우리 시대의 가장 구질구질하고 위대한 철학이다.

# 녹슨 철조망, 그곳

누구도 발길 닿지 않는 길 끝,
불려지지 못한 이름들이 녹슨 철조망 아래 스며든 땅.
그곳은 원통한 무덤이 아니라,
제멋대로, 오히려 더 푸르게 우거진 숲이다.

딸아이는 500원짜리 동전을 또 밀어 넣고
망원경 저편,
인기척 없는 그 숲을 오래도록 들여다본다.
아이의 동그란 시선 끝에 내가 보는 건
서로의 상처에 뿌리 내린 나무들과
바람만이 기억하는 그날의 비명소리.

발목을 노리던 지뢰는
깊은 땅속에서 붉은 녹물이 되었고,
찢겨 나간 철모는 이끼의 집이 되었으며,
그 모든 핏자국 위로 들꽃이 피어났다.
세월은 말이 없고, 흙은 그저 모든 것을 품을 뿐.

나는 이제 그 숲을 보며

이름 모를 들꽃의 씨앗 하나를 가만히, 들여다본다.

가장 아픈 자리에 집을 짓고

가장 먼저 봄을 밀어 올리는, 저 작고 단단한 것.

바람이 분다.

## 광장에서 부르는 노래

귀를 막아라, 저들의 시끄러운 확성기를.
눈을 감아라, 저들의 네모난 혓바닥을.
몸뚱이는 멀쩡한데 마음이 곪아 터지는 시대,
약봉지 대신 우리가 씹어 삼키는 건 분노뿐이다.
숫자로만 떠드는 저들의 세상에서
우리의 이름은, 우리의 고통은, 진즉에 지워졌다.

보이는 손, 보이지 않는 손, 그 빌어먹을 손들이
우리의 목젖까지 옥죄고 정신을 팔아넘길 때,
성실은 녹슨 훈장이 되고 정직은 멍청한 유서가 되었다.
그들이 편집해 버린 세상 속에는
우리의 땀 냄새도, 눈물 자국도 없다.

그저 벼락부자와 벼락거지, 두 줄의 바코드만 찍힐 뿐.

그러니 동지여, 더는 망설이지 말고 광장으로 나오라.
차가운 화면을 끄고 아스팔트의 심장 소리를 듣자.
편집되지 않은 날것의 목소리로,
서로의 삐걱거리는 어깨에 기대어
우리의 노래를 다시, 터뜨리자.

일어서라, 화면 밖으로 뛰쳐나온 심장들아! 어깨를 걸어라!
빼앗긴 오늘의 광장에, 빼앗긴 내일의 함성에,
우리의 깃발을 꽂자!
이것이 땅을 딛고 선 자들의 진짜 목소리다!
이것이 벼락거지들의 마지막 혁명이다!

## 뻘물의 강

서로 다른 골짜기에서 시작된 두 물줄기가
하나의 강어귀에서 만날 때,
세상은 온통 뿌연 뻘물이 된다.

한쪽은 날카로운 자갈을 굴리며 내려오고
다른 쪽은 부드러운 모래를 쓸고 와
서로의 몸을 MYTHO하게 뒤섞는다.
맑았던 지난날은 온데간데없고
서로에게 겨누었던 돌멩이의 기억만이
물 아래서 부딪히며 둔탁한 소리를 낸다.

그렇게 한참을,
어쩌면 아주 오랜 세월을
서로를 할퀴고 뒤엉키며 흘러가다 보면,
무거운 것들이 하나둘, 강바닥에 가라앉는 게 아니라
오히려 더 흐리고 끈적한 하나의 물이 되어간다.
자갈은 모래를 긁어내고
모래는 자갈에 쓸려 상처 입는다.

그것이 우리가 도착한 바다일지도 모른다.
맑아질 수 없는,
서로의 모든 것을 품고 뒤엉킨 채
그저 함께 흘러갈 뿐인,
이 거대한 뻘물의 바다.

## 머쓱해지다

텔레비전 화면 가득,
주황빛 파편들이 유성처럼 쏟아졌다.
4분 만에 엉망진창이 된 저들의 축제,
"성공은 불확실하지만, 즐거움은 보장됩니다!"
환호하며 떠드는 낯선 얼굴들 앞에서 나는,
리모컨을 든 채, 그만 머쓱해졌다.

나도 어디 가면 '대표님' 소리를 듣는데.
저쪽 회사는 실패에 환호성을 지르는데,
우리 회사는 어땠더라.
계약 하나 엎어진 밤, 잠 못 들고 뒤척이며
다음 달 월급날을 손가락으로 셈하던,
피 말리는 계산이었다.

그때, 딸아이가 숫자 몇 개 찍힌
작은 종이 쪼가리를 내밀었다.
저 거대한 실패와는 비교도 안 될,
그러나 지금 내 앞에선 세상 전부인 실패.

나는 그렇게 배워먹었다. 넘어지면 끝장이라고.
정답지 밖으로 삐져나온 모든 글씨는 틀린 거라고.
남의 실패엔 너그러운 척 손뼉 쳐주다가도 그렇게 살았다.
남의 실패엔 너그러운 척 손뼉 쳐주다가도,
내 삶의 작은 흠집 앞에선 가장 먼저 회초리를 들었다.
스스로를 가장 용서 못 하는 놈, 그게 나였다.

다시, 텔레비전 속 불꽃을 본다.
저들은 저걸 '영광의 흉터'라 부른다는데,
그 흉터마저 부러워해야 하는 이곳에선
어떤 로켓도 날아오를 수 없는 거 아닌가.

성적표를 말없이 구겨 주머니에 쑤셔 넣는다.

"나가자. 떡볶이 먹으러."

구겨진 얼굴을 애써 펴는 딸아이를 보며 생각한다.

엉망진창 불량품이면 좀 어떠냐.

저 거대한 불꽃보다,

지금 내 앞의 이 작은 온기 하나 지키는 게,

내가 쏴 올릴 유일한 로켓이다.

## 뚫다

자정이 넘어,
아랫배가 묵직한 신호를 보낸다.
젠장, 또 막혔다.
어둠 속에서 고무장갑을 끼고
나는, 꽉 막힌 변기 앞에 쭈그려 앉는다.

처음엔 아이들을 탓했고,
다음엔 싸구려 휴지를 탓했다.
뚫어뻥을 처박을 때마다 꾸역꾸역,
더러운 변명들이 목구멍까지 차올랐다.
엎질러진 우유 앞에서 서로를 탓하던
내 어린 딸들의 얼굴이,

흙탕물 같은 변기 수면 위로 어른거렸다.

돌아보니 내 삶 전체가 그랬다.
큰돈을 날렸을 땐 세상을 탓했고,
관계가 틀어졌을 땐 그놈을 저주했다.
남 탓이라는 손쉬운 변명으로
내 안의 오물은 단 한 번도 시원하게 내려간 적이 없었다.

모든 것은 결국,
나의 서툰 걸음과 비겁한 마음 탓이었음을.

쿠르릉, 소리와 함께
막혔던 구멍이 마침내 검은 숨을 토해낸다.
시원하게 물이 빨려 들어가는 소용돌이 속으로,
내 구질구질했던 변명들이 함께 쓸려 내려간다.

어린아이는 변명으로 자라고,

어른은 그 변명을 제 손으로 뚫어내는 힘으로 깊어진다.
품위란, 깨끗한 두 손이 아니라
제 더러움을 직접 치울 줄 아는,
저 묵직한 고무장갑 한 켤레였음을.

고무장갑을 벗고 손을 씻는다.
내일 아침, 나는 또 다른 막힌 구멍을 만나겠지만
그때는 더 이상, 남의 탓을 찾지 않으리라.
그저 묵묵히, 다시 고무장갑을 낄 것이다.

# 흙으로 쓴 비문(碑文)

충주호, 내륙의 바다 앞에서
나는 말을 잃었다.
천년의 세월을 삼키고도 저리 고요한 물,
그 검푸른 깊이를 들여다보다 문득,
둑을 쌓고, 밭을 갈고, 물길과 싸우다
저 물속에 잠겨버린 수많은 땀방울을 생각했다.
결코 기록되지 않을, 흙의 역사였다.

비내섬 억새들은 온몸으로 울고 있었다.
왕조의 기록에도 없는,
이름 없이 스러져간 숱한 삶들의
메마른 곡(哭)소리 같았다.
탄금대 언덕에선 피 묻은 강물 위로
우륵의 가야금이 흐느끼는 듯했다.
그 풍경은 위로가 아니라, 내게 무거운 질문을 던지고 있었다.

입석마을 사람들은 뜻도 모르는 돌멩이 하나를

제 집 문패처럼, 마을의 이름으로 삼고 지켜왔다고 했다.
닳고 이지러진 획 속에서
그들은 왕의 호령이 아닌, 그저 시간의 무게를 읽었으리라.

그 돌이 훗날, 이 땅 유일의 고구려 비가 되었지만
나는 그 천오백 년의 침묵보다, 그 옆에 나란히 선
무너진 자리에서 기어코 다시 일어선다는
그 투박한 비석 앞에서 더 오래 서성였다.

대통령 표창을 받은 바로 나흘 뒤,
잉크도 마르지 않은 상장 위로
모든 것을 집어삼킨 검은 강물이 흘렀다.
'새마을 때문에 망했다'는 원망이
칼날이 되어 서로의 가슴을 후볐을 칠흑 같은 밤.
그러나 질척이는 흙탕물 속에서 서로의 손을 다시 부여잡고
제 땀과 눈물로 다시 세운 저 비석이야말로
이 땅의 진짜 역사라고,

천년의 침묵을 지킨 저 돌의 위대함보다
그 뜻도 모르고 돌을 지켜온 사람들의 무던함이,
읽히지 않는 왕의 업적보다
서로를 일으켜 세운 이름 없는 필부들의 어깨가
더 거룩하다고, 중주는 내게 그리 말하고 있었다.

지배자의 기록은 돌에 새겨지지만
민중의 역사는 흙에 새겨진다고.
유물보다 사람이 먼저라고,
그들의 꺾이지 않는 삶이야말로
우리가 읽어야 할 단 하나의 비문(碑文)이라고.

## 오월의 질문, 12월의 대답

광주, 닫힌 문들 앞에서
나는 길을 잃었다.
결국 닿은 곳은 이름들만 남은
오월의 국립묘지.
이끼 낀 차가운 비석에 손을 얹고, 그 이름 아래 잠든
스무 살의 봄을 헤다,
나는 내 머릿속에 돌처럼 박혔던 단어들을 생각했다.

'폭동'이라 배웠다. '사태'라고도 했다.
교과서의 네모난 활자들이 새겨 넣은 그 서늘한 낙인.
내 유년의 교실, 낡은 칠판 위에서
분필 가루로 날리던 그 단단한 거짓 위에서 나는 자라났다.

오늘, 이 이름 없는 묘비들 앞에서
내가 배운 역사는 산산이 부서진다.

기억의 칼날 위에서 위태롭게 춤출 것인가,
거짓의 돌무덤 속에 편안히 묻힐 것인가.
내 그림자는 그 경계에서 오래 서성였다.

문득, 서울역 광장의 한 사내가 떠올랐다.
비둘기 떼와 뒤섞여 누구의 기억에도 없는 사람처럼,
기름때 찌든 헝겊으로 제 몸 둘레에 성을 쌓고
세상을 향해 저주를 뱉던 사내.
한 아이가 건넨 빵 부스러기 앞에서
그의 성벽이 속절없이 무너져 내리는 것을,
소리 없이, 그러나 온몸으로 흐느끼던 그의 어깨를
나는 보았다.
그것은 세상에 대한 증오였을까,
아니면 끝내 잊지 못한 온기에 대한 사무치는 그리움이었을까.

광주의 총구와, 내 머릿속에서 뒤늦게 울리는 총성과,
광장의 굶주린 절망은
하나의 뿌리에서 자라난 다른 모양의 칼날.
폭력은 사람을 죽이거나, 스스로 짐승이라 믿게 만들거나,
산 자의 영혼에 돌이킬 수 없는 부끄러움을 새긴다.

그 총성이 멎은 줄 알았는데,
지난 12월, 얼어붙은 아스팔트 위에서
우리는 다시 오월을 보았다.
거짓의 돌무덤을 박차고,
깨어진 심장들로 다시 일어섰다.

묘역을 등지며 나는 비로소 중얼거렸다.
진짜 삶이란,
감당 못 할 기쁨과 감당 못 할 슬픔을 저울질하지 않고
그저 깨어진 채로, 깨어진 것들을 사랑하는 것이라고.
돌이 되지 않고, 짐승이 되지 않고,

깨어진 역사 위에서 깨어진 심장으로

서로의 어깨를 다시 짚어주는 것.

그것이, 돌도 짐승도 아닌

사람의 대답이라고.

# 풍요의 허기

배고팠던 시절,
우리의 적은 선명했다.
텅 빈 밥그릇, 닳아빠진 구두 굽,
살을 에는 겨울바람.
결핍과 싸우며 우리는 단단해졌고
뇌는 허기질수록 별을 생각했다.

이제 우리는,
배고픔 대신 배부름과 싸운다.
결핍은 이길 수 있었으나,
풍요는 도무지 이길 수가 없다.
보이지 않는 시장의 신(神)은
단 한 번도 우리의 배부름을 허락하지 않고
귓가에, 더 가지라고 속삭이므로.

내 갈 길은,
저 차가운 유리창 속 푸른 점이 대신 찾아주고

내 마음은,
수천 개의 '좋아요'가 대신 연주한다.
생각하지 않고 수행할 수 있는 일이 늘어갈수록
나는 나 자신의, 유령이 되어간다.

우리는 사물을 있는 그대로 보지 않는다.
'세상'이라는 이름의 거대한 안경을 쓰고
'그럴듯함'을 본다.
인간의 진화는 사실(fact)의 진화가 아니라,
결국, 살아남기 위한 '그럴듯함'의 진화였음을.

그러니 헤어질 때,
부디 손해를 보고 헤어져라.
마지막까지 이겨서 무엇 하나.
가장 아름다운 '그럴듯함' 하나를 남겨두고 돌아서라.
우리의 사랑이,
적어도 한때는 진실이었다는 그 서사(敍事) 하나를 지키기 위해.

그것이 이기는 것이 아니라, 지켜내는 유일한 길이다.

결국, 우리에게 남는 것은
이 엉망진창, 구질구질한
우리 자신의 이야기밖에 없으리.
지속 가능한 것은, 빛나는 성공이 아니라
사랑에 실패한 자의, 그 서툰 서사뿐이다.
그것만이 이 풍요 속,
텅 빈 마음을 채우는 유일한 양식이므로.

## 영혼의 계약서

나는 이 집에,
전입신고를 한 적이 없다.
어떤 실수였는지, 신의 장난이었는지
눈 떠보니 나는 이 낡고 삐걱이는 집의
얼떨떨한 세입자였다.

피타고라스는 말했다지,
이 집(soma)은 내 영혼의 무덤(sema)이라고.
어쩐지,
밤마다 뼛속에서 바람 소리가 들리고
창문 너머로 자꾸만,
돌아가야 할 고향의 별빛이 아른거리더라니.

나는 이 집이 마음에 들지 않았다.
욕망이라는 윗집은 밤새 쿵쾅거리고
슬픔이라는 아랫집에선 늘 물이 샜다.
나는 '이성'이라는 서툰 연장으로
이 집을 필사적으로 수리하며 살았다.
남들처럼 번듯한 집을 짓고 싶어서,
이 초라한 꼴을 들키고 싶지 않아서.

그러다 문득,
벽에 걸린 낡은 달력을 본다.
'계약 기간: 태어난 날부터 죽는 날까지'
아,
이 집은 영원히 내 것이 될 수 없구나.
나는 언젠가 이 집을 비워줘야 하는
임시 거주자일 뿐이었구나.

그 서늘한 자각 앞에서,

나는 처음으로 집 안을 제대로 둘러본다.
실패의 얼룩이 묻은 벽지와
후회라는 이름의 곰팡이,
그리고 당신과 함께 웃다 금이 가버린 유리창.
이 모든 구질구질한 흔적들이
결코 부끄럽지 않다고,
이 엉망진창이야말로 내가 살아냈다는
유일한 증거라고,
그제야, 중얼거린다.

나는 이제,
이 집을 떠나는 날을 연습한다.
소크라테스처럼, 죽음을 연습한다.
더 이상 집을 고치려 애쓰지 않는다.
대신, 창문을 닦는다.
별이 가장 잘 보이는 창가에 앉아
들리지 않는 천구(天球)의 화음을 듣는다.

내 영혼이 한때는,
저 빛나는 조화의 일부였음을 기억하기 위해.

이 집을 떠나는 날,
나는 아무것도 가져가지 않으리.
그저 이 집의 모든 얼룩과 흠집들을
가만히, 마지막으로 한번 쓸어보고
조용히, 문을 열고 나가리.
이 무거운 육체라는 옷을 벗고,
나는 마침내, 한 점의 가벼운 음표가 되어
별들이 연주하는 오래된 노래 속으로
돌아가리.

## 나선의 시간

박물관의 오후,
숨소리마저 박제된 빛의 가루 속에서
나는 유리 너머 현무를 본다.

엉킨 뱀과 거북의 몸짓, 그 검은 등껍질 위로
천 년 묵은 먼지가 고요의 무게로 쌓여 있다.
나는 서랍 속에 구겨 넣었던, 월급날만 붉게 동그라미 쳐진,
찢어진 달력 조각 같은 시간들을 그 앞에 내려놓는다.

나의 시간은 늘 화살이었다.
과녁은 없었다.
허공에 부서지며 흩어졌다.
헐떡이며 달려온 경주의 끝,

종착지엔 바스러진 화살촉뿐.

그 부서진 파편의 먼지가 가라앉은 틈에서, 비로소
거북은 알 속의 침묵으로 숨을 고른다.
깨어짐은 끝이 아니라
껍질이 갈라지며 열리는 작은 균열, 그 아찔한 틈.
궂은날엔 웅크려 제 단단한 등이 세상의 전부가 되고,
느린 심장의 온기로 제 안의 서늘한 흉터,
그 딱딱한 끄트머리를 핥아 다독인다.

이제 나는 부서진 파편 따위 줍지 않으리라.
대신 내 안 가장 깊고 서늘한 곳에
침묵의 알 하나를 가만히 품으리라.
상처의 무늬를 나이테처럼 겹겹이 새겨,
마침내 그것으로 나의 견고한 껍질을 삼고
그 틈으로, 아주 느리게,
박물관의 박제된 숨이 아닌 나의 첫 숨을 내쉬리라.

## 꿈의 유통기한

도시의 밤은 잠들지 않는다.
텅 빈 눈들이 푸른빛 액정 위를 표류한다.
에너지 드링크 캔을 따는 날카로운 소음과 함께
우리는 효율이라는 알약을 삼키고
시스템이라는 궤도를 맹목으로 질주한다,
잠든 사이 뒤처질까 봐 브레이크조차 잊은 채로.

언제부터였을까,
꿈은 분양 광고 속 특권이 되었다.
강남 아파트의 조감도처럼,
외제 차의 매끈한 카탈로그처럼,
가진 자들의 저녁 식탁에 오르는 비싼 디저트처럼,

평범한 우리에겐 그저 통계 속 데이터가 되었다.

밤마다 목소리가 들려왔다
성실을 고철처럼 갉아내는 소음.
우리는 스스로의 꿈에 유통기한을 매겼다.
그들은 원래부터 다른 종족이라고,
꿈이라는 유전자를 따로 타고난 것이라고,
우리는 그렇게 믿어버리기로 했다.

그러다 어느 날, 인터넷 귀퉁이에서
시시한 기사 하나를 읽었다.
카페인을 줄이면 꿈이 선명해진다고.
잠들기 여덟 시간 전, 커피와 초콜릿을 끊으면
뇌가 비로소 제 이야기를 시작한다고.
그 황당한 문장 앞에서 나는 한참을 멈췄다.

아, 그랬구나.

그들의 비밀은 명문대 졸업장이나
아버지의 주식 계좌가 아니었다.
그저 밤의 고요를 방해하지 않는 것,
그 사소하고 염치없는 습관이었을 뿐.

우리가 카페인으로 동공을 확장하며
마지막 보고서의 오타와 싸우는 동안,
그들은 그저, 편안히 잠들었을 뿐이다.
그들은 값비싼 잠 속에서 가장 선명한 꿈을 꾸었다.

이 거대하고 치밀한 음모 앞에서
나는 오늘 밤, 처음으로 커피를 버린다.
내일 아침, 내 꿈속에선
지긋지긋한 상사의 얼굴 대신
로또 번호라도 떠오를지 모를 일.
그깟 꿈 한번, 나도 꿔보자 이거다.

## 달항아리 앞에서

젊은 날, 나는 저 달항아리의
기우뚱한 어깨선만 보았다.
완벽하지 않아 서툰,
그래서 외려 단정해 보이는 저 여백을,
차가운 사기(砂器)의 살결과 날카로운 선의 긴장을 사랑했다.
아무것도 채우지 않아 텅 빈,
그래서 고요한 저 침묵을 아름답다 믿었다.
덜어내는 것이 지성이라 믿던 오만.

나이 마흔 넘어 다시 마주한 달항아리 앞에서,
나는 이제 저 둥근 배 안을 들여다본다.
저것은 비어 있는 것이 아니라,

무엇이든 담아낼 준비가 된 것이다.
나의 환한 기쁨과 구질구질한 슬픔까지도,
닳아빠진 기억과 다가올 시간의 무게까지도
넘치도록 채워도 좋을 넉넉한 품이다.
장식 하나 없는 저 밋밋한 표면은 절제가 아니라,
안에 담길 것들을 위해 기꺼이 자신을 내어주는
묵묵한 그릇의 마음이다.

젊은 날에는 겉의 선(線)이 보이고
나이 드니 안의 품이 보인다.
시간이 겉을 깎아내고
안을 깊게 파냈던가.
덜어내는 것만이 아름답다 믿었던 시절이 가고,
기꺼이 품어 안는 것의 위대함을 알게 되는 저녁.

달항아리는 말이 없다.
제 몸의 이음매 자국으로 나의 상처를 덮어주며,

그저 둥글고 희고 넉넉한 침묵으로,
내 시간의 균열들을 말없이 어루만진다.

# 마흔일곱, 나의 레테의 강

1. 서두: 낡은 외투를 벗다

마흔일곱,
나는 내 삶이라는 낡은 외투를 벗어 던지러 떠났다.
가장이라는 무거운 명패와
수십 개의 웃는 가면들을 인천공항 쓰레기통에 구겨 넣고,
대서양을 건너는 비행기 창밖 검푸른 바다를
'레테의 강'이라 이름 붙였다.
나는 그 강을 건너, 나를 잊을 작정이었다.
망각은 무슨, 개뿔.
사실은 그냥, 도망치고 싶었다.

## 2. 고산(高山)의 벌(罰)

쿠스코의 밤은, 그러나
나를 잊기는커녕 내 몸의 모든 통증을 일깨웠다.
해발 3,400미터의 공기는 칼날이 되어 폐부를 찔렀고
머릿속에서는 잉카의 돌들이 굴러다녔다.
밤새 위액을 게워 내며 변기를 붙잡고 있을 때,
나는 '깡' 따위로 버티던 오만한 사내가 아니라
그저 산소 부족에 헐떡이는 한 마리 짐승이었다.
몸이 아프니, 레테의 강 저편에 두고 온 집이
사무치게, 사무치게 그리워졌다.
망각의 대가는 이토록 혹독했다.


마추픽추로 향하던 그 깜깜한 새벽,
나는 비를 맞으며 끝이 보이지 않는 기찻길을 걸었다.
성난 강물이 발밑에서 검은 아가리를 벌리고 포효하고
보이지 않는 흡혈 모기떼가 살갗에 달라붙어

내 낡은 피를 빨아댔다.
지옥 같은 행군 끝에 마주한 것은
한 치 앞도 보이지 않는 짙은 안개뿐.
허탈함에 주저앉아, 차가운 돌벽에 등을 기댔을 때
거짓말처럼, 바람이 불었다.

거대한 커튼이 걷히듯 안개가 걷히고
하늘의 도시가, 구름의 성채가
꿈결처럼, 내 앞에 떠올랐다.
안개가 걷힌 것은 눈앞의 풍경만이 아니었다.
내 마음을 짓누르던 과거의 상처와 미래에 대한 불안,
그 모든 희뿌연 안개가 걷히는 기분.
나는 그곳에서 한참을, 어린아이처럼 울었다.

## 3. 하늘의 거울, 땅의 우주

티티카카는 호수가 아니었다.
그것은 하늘이 제 얼굴을 비춰보기 위해
땅에 내려놓은 거대한 거울이었다.
갈대를 엮어 만든 물컹한 섬 위에서, 나는
땅이되 땅이 아닌 곳에 위태롭게 서 있는 내 삶을 보았다.

우유니 소금사막에서,
나는 내 인생 가장 잊을 수 없는 풍경을 만났다.
하늘과 땅의 경계가 사라진 순백의 우주,
내 발밑으로, 은하수가 강물처럼 흘렀다.
그 거대한 거울 위에서, 나는 평생 처음으로
나의 온전한 모습을 보았다.
땅에 발 딛고 선 나와, 하늘에 비친 또 다른 나.
우리는 서로의 초라함을 오래도록, 말없이 들여다보았다.
나는 더 이상 나를 지우려 하지 않았다.
그저, 엉망진창인 나를 온전히, 마주 보았다.

## 4. 세상의 끝, 바람의 노래

파타고니아의 바람은,
내 안에 남은 마지막 오만마저 날려버리는
거대한 채찍이었다.
모레노 빙하가 제 무게를 이기지 못하고
천둥 같은 소리를 내며 무너져 내릴 때,
나는 영원할 것만 같았던 나의 고통 역시
언젠가는 저렇게 부서져 내릴 것임을 예감했다.

세상의 끝, 우수아이아에서 남극의 바람을 맞으며
나는 비로소, 내가 도망쳐온 서울을 떠올렸다.
망각의 끝에서, 나는 가장 선명한 기억과 마주했다.
도망쳐온 것이 아니라,
돌아가기 위해, 떠나왔음을 깨달았다.

## 5. 귀환: 삼바의 심장

이과수의 거대한 물줄기가
추락이 언제나 끝이 아님을 가르쳐주었고,
부에노스아이레스의 탱고는
상처 입은 자들이 어떻게 서로를 끌어안는지를 보여주었다.

리우의 삼바 축제, 그 뜨거운 열기 속에서
나는 땀 흘리며 춤을 추었다.
마흔일곱의 나를, 가장이라는 무거운 짐을,
망각을 위해 떠나왔다는 사실마저 잊고.
그 원초적인 생명의 소용돌이 속에서
나는 다시, 살아있었다.

레테의 강을 건너 망각을 꿈꾸던 나는,
결국 아무것도 잊지 못했다.
대신, 더 크고 강력한 기억들로

내 삶의 낡은 지도를 다시 그렸다.

나는 이제 돌아갈 것이다.

새로운 지도를 들고, 나의 집으로.

낡은 외투를 다시 입더라도,

## 제4부

외투를 벗어,
당신의 어깨에

모든 길을 걸어온 남자는 마침내 자신의 낡은 외투를 벗어, 추위에 떠는 당신의 어깨에 가만히 걸쳐준다. 결국 우리가 기댈 곳은 서로의 온기밖에 없으리. 그는 깨닫는다. 잃어버렸던 자신의 진짜 목소리를 되찾는 일, "매콤한 낙지볶음이 먹고 싶다"고 말하는 그 사소한 용기야말로 가장 위대한 시작이라는 것을. 완벽하지 않아서 더 진짜 같은, 그의 마지막 노래는 이제 당신의 것이다. 이것은 한 사람의 고백을 넘어, 우리 모두를 위한 가장 서툰 위로다.

## 서로 다른 강가에 서서

서로 다른 강가에 서서,
발밑에 깨진 찻잔 조각처럼 널린
지난날의 기억들을 본다.
이젠 서로를 버려야 하는가, 지겹게 묻지만
굳게 붙잡은 손끝의 온기는 차마 놓지 못한다.

몸이 휘청이도록 거센 바람이 불어오면,
차라리 잘됐다며 고함이라도 실어 보낼까 하다가도
결국 어둠 속 그림자처럼 다가서서
차가워진 서로의 귓가에 뜨거운 입김을 불어 넣는다.

아직 끝나지 않은 이 길 위에서,

말 없는 시간이 약처럼, 독처럼 흐른다.

서로에게 기댄 어깨의 온기,

그것 하나로 버티는 밤이다.

## 매콤한 낙지볶음

"무엇을 원해?"
그 소박한 질문 앞에서
세상의 모든 소음이 순간 멎었다.
나는 길 잃은 사람처럼 입을 다물었다.
머릿속이 하얗게 바래고,
수많은 '괜찮아'와 '상관없어'의 잿더미 속에서
대답을 찾지 못한 혀가 입안에서 무겁게 굴렀다.

돌이켜보면 나의 생은 그랬다.
아내의 눈빛을 살피며 내 식성은 조용히 증발했고,
왁자지껄한 친구들 모임에선
모두의 목적지에 내 출발을 맞추었다.

아이들이 가자는 뜨거운 모래밭이 언제나 나의 바다였으므로,
서늘한 숲길을 걷고 싶던 마음은
파도 소리에 씻겨나간 지 오래였다.

나는 타인의 욕망을 비추는 거울,
그들의 기대를 되울리는 텅 빈 방이었다.
착한 사람, 배려 깊은 사람이라는 칭찬의 먼지 아래
내 얼굴은 지워지고, 내 목소리는 희미해졌다.

그러다 어느 날, 모두가 잠든 거실에 홀로 앉아
창밖 가로등 불빛이 먼지 쌓인 탁자를 비추는 것을 보았다.
나는 이 집의 가장 낯선 방문객이었다.
문득 깨달았다.
다른 이의 삶을 존중하느라
정작 나 자신을 존중하지 않았구나.
이기적인 게 아니라, 나를 잃지 않기 위한
최소한의 저항이, 절실했구나.

"나는 무엇을 원하나요?"

오늘 저녁은 혀끝이 아릴 만큼 매콤한 낙지볶음이 먹고 싶다고,

주말엔 시끄러운 파도 소리 대신 흙냄새 짙은 산에 가고 싶다고,

아주 작게, 그러나 내 귀에는 우주처럼 크게 중얼거려본다.

내 삶의 주인이 되는 첫걸음은,

이토록 사소하고 선명한 것이었음을.

잃어버린 내 지도를, 오늘 처음으로 그리는 것이다.

## 소비기한

"다음에 갈게, 엄마. 요즘 좀 바빠서."
네모난 화면 속 숫자들과 씨름하다,
수화기 너머, 괜찮다는 당신의 마른기침 소리를 듣는다.
전화를 끊고 나는 또다시 빼곡한 달력의 다음 칸을 본다.
언제나 그곳에, 같은 모습으로 있을 거라 믿는,
어리석고 미련한 착각 속에서.

야근 후 텅 빈 사무실, 식어버린 커피잔 너머로
문득, 저녁 뉴스에서 아나운서가 말했다.
이제 모든 식품엔 유통기한이 아니라
'소비기한'이 찍힌다고. 먹을 수 있는 마지막 날이라고.
그 서늘한 한마디에 심장이 쿵, 내려앉는다.
아, 우리의 시간도 그랬구나.
품질의 문제가 아니라, 존재의 마감이었구나.
반드시 써버려야 하는 마지막 날짜였구나.

'좀 더 여유가 생길 때' 모시고 갈 근사한 여행지보다

언제부턴가 계단을 내려올 때마다 내 손을 꼭 잡는,
그 마르고 작은 손의 온기를 더 붙잡았어야 했다.
딱딱한 반찬 대신 밥을 물에 말아 드시는 건
이가 시리다는 당신의 소리 없는 아우성이었고,
엄마는 닳아가는 몸으로 평생을 말했는데
어리석은 아들은 제 상처가 욱신거려야
남의 고통을 겨우 짐작한다.
내 무릎이 시큰해지고서야 비로소,
그저 동네 공원 벤치에 나란히 앉아
볕 좋은 오후를 함께 견뎌냈어야 했다.

떠난 뒤에야 차리는 진수성찬은
가장 값비싼 사치이고 가장 서러운 위선이다.
당신의 온기 사라진 텅 빈 방에 홀로 남아
아무리 당신 이름을 불러봐도, 대답 없는 허공뿐이었다.

수화기를 내려놓고, 나는

먼지 낀 외투를 걸치고 자동차 키를 집어 들었다.

도시의 불빛이 창밖에서 눈물처럼 번져갔다.

미루고 유예했던 나의 모든 '다음'은 오늘 밤 파산했다.

행복의 소비기한은,

언제나 오늘이었다.

당신의 닳아버린 무릎 앞에서

더는 미룰 내일이 없으므로.

## 첫 번째 문턱에서

우영아, 나의 딸아.
OMR 카드 뒷면, 지우개 가루와 연필 자국이 닳도록
네 치열했던 한 시절을 빼곡히 찍어온 저녁.
온 세상의 소음이 거짓말처럼 잠시 멎고,
네 어깨를 짓누르던 무거운 갑옷이 스르르 벗겨지는구나.
너의 길고 길었던 싸움이, 오늘로 끝났다.

네 이름을 지을 때, 아빠는
세상의 잣대보다 네 마음의 소리에 기댈 줄 아는
편안한 친구 하나를 얻고 싶었다.
정답을 강요하는 세상 속에서, 가끔은 틀려도 괜찮다고
스스로를 다독일 줄 아는, 그런 너이기를 바랐다.

오늘 네가 넘은 것은 세상이 그어놓은
수많은 문턱 중 가장 높고 가팔랐던, 첫 번째일 뿐이란다.

합격 통지서는 종착역 표가 아니다.
모두가 한 방향으로 몰려가는 저 붐비는 플랫폼에서
잠시 숨을 고르고, 너만의 시간표를 펼쳐볼 시간.
그것은 또 다른 선로를 갈아타는 너만의 환승권일 뿐.
의대부터 줄을 세우는 저 뻔한 노선도 말고,
때로는 이름 없는 간이역에 멈춰 서서 풍경을 구경하고
때로는 길 끝이 어딘지 몰라도 마음이 이끄는 행선지를 찾아
너만의 새로운 지도를 그릴 시간이란다.

그러니 '끝'이라 부르는 자들의 오래된 노래에
너무 오래 머물지 마라.
점수와 상관없는 낡은 책 한 구절에 밑줄을 긋다 가슴이 뛰고,
취업과 상관없는 엉뚱한 질문에 밤을 새우는,

그런 진짜 '네 공부'를 시작할 첫 번째 정거장이길 바란다.
세상이 네게 던지는 질문에 답하기 전에
네가 세상에게 던질 질문을 먼저 찾는 사람이 되기를.

딸아, 네 삶의 주인공이 되어라.
남들이 정해준 안전한 길만 걷는 무명의 단역 말고,
대본에 없는 대사를 외치고, 예기치 못한 무대에서 춤도 추며
때로는 길을 잃고, 때로는 넘어져도
결국 너만의 이야기를 쓰는 단 한 명의 작가가 되어라.

결과가 어떻든, 아빠는 상관없다.
아빠는 네가 써 내려갈 그 이야기의 첫 문장을,
가장 설레는 마음으로 기다리는 첫 번째 독자일 테니,
언제나 네 문장 끝에 따뜻한 밑줄을 그을 준비가
되어 있을 것이다.

그러니 오늘은 달려온 길을 다 내려놓고,

세상 모든 시름도 잠시 잊고,

네가 좋아하던 그 튀김으로 손을 더럽혀도 좋다.

바삭, 하고 부서지는 소리 사이로 터져 나오는 너의 웃음이,

기름 냄새와 뒤섞여 이 방을 가득 채우는 너의 숨소리가,

아빠에겐 이 밤, 가장 눈부시고 자랑스러운 별이니까.

## 화장실에 사는 내 딸에게

내 딸아,
화장실은 너의 왕국이냐.
문밖에서 '괜찮냐' 물으면
'금방 나간다' 대답은 들려오는데
어느덧 네가 들어간 지 한 시간이 다 되어간다.

네모난 창에 네 영혼을 갈아 넣고
손가락으로 세상을 들었다 놨다 하는 동안

네 방 책상 위엔 먼지가 쌓이고
아빠의 등짝엔 근심이 쌓인다.

옛날엔 '겨를하다'라는, 참 근사한 말이 있었지.
짧은 틈에 나를 돌보던, 사라진 옛말 하나.

근데 우린 겨를만 나면 네모난 감옥에 갇히는구나.
그래, 이 애비도 마찬가지다, 그 서툰 죄수 신세.

그건 쉬는 게 아니다, 딸아.
네 머릿속 가장 말랑한 부분을
이름 모를 남들에게 공짜로 뜯기는 거다.
진짜 쉼이란 건 말이다,
다시 일하고, 사랑하고, 서로 보며 웃게 만드는 힘이란다.

그러니 우리, 같이 한번 연습해 보자.
서툴러도 괜찮다, 아빠도 아직 배우는 중이니.
딱 10분만 화면을 내려놓고
창문을 열어 따스한 황금빛 햇살 한 줌을 얼굴에 받고
그 빛 너머 어른거리는 그림자에 잠시 눈을 감는 거다.

그러니 내 딸아,

이제 그만 너의 왕국에서 출정하여

이 애비의 낡은 감옥에서도 함께, 탈출하자.

네가 파를 송송 써는 순간,

내가 뚜껑을 열자 피어오르는 하얀 김,

보글보글, 저 끓는 소리 앞에서

우리, 잊고 있던 서로의 얼굴을 마주 보자.

그 얼굴이야말로, 우리가 함께 살아낼 진짜 세상이니.

그 세상에, 우리 웃음소리를 가득 채워 넣자꾸나.

그 웃음이, 잊지 못할 우리의 진짜 쉼이 될 테니.

## 떠나는 등을 위하여

첫 월급봉투를 받아 들고
너는 내게 가장 먼저 내복을 사 오겠지.
고맙다, 딸아.
하지만 나는 그 따뜻함보다
네 월급의 20퍼센트가 너를 위해 쓰였다는 소식이
더 반가울 것이다.

부모의 등은 네가 생각하는 것보다 단단하다.
반백 년 넘게 세상의 비바람을 온몸으로 맞으며
굳은살이 박이고, 휘어지고, 너의 길이 새겨진 등이다.
그것은 네가 평생을 업고 가야 할 짐이 아니라,
네가 날아오르기 전 잠시 기댈 수 있는 벽이고,

세상의 파도를 막아주는 낡은 방파제일 뿐이다.

낡은 촛불이 제 몸을 태워 너의 앞길을 밝히듯,
오래된 나무가 제 살을 깎아 너의 그늘을 만들듯,
우리의 사랑은 너를 떠나보내기 위한 것이었다.
그것이 슬프지만 거스를 수 없는 자연의 법칙이고,
우리가 너에게 줄 수 있는 가장 위대한 유산이다.

그러니 딸아,
우리의 그림자에 네 삶의 좋은 때를 가두지 마라.
결혼하고 싶으면 하고, 놀고 싶으면 실컷 놀아라.
어미 아비의 낡은 지도를 따르지 말고, 너만의 길을 내어라.
네 어깨에 짐이 되지 않으려,
우리는 기꺼이 우리의 그림자를 지운다.

언젠가 네가 길 끝에서 너를 꼭 닮은 아이의 손을 잡고
비로소 뒤를 돌아볼 때,

그때 부모의 등이 왜 그토록 묵묵했는지 알게 될 것이다.
우리는 언제나 그랬고, 앞으로도 그럴 것이다.

그러니 날아라.
뒤돌아보지 말고, 힘껏 날아올라라.
부모의 등은,
네가 박차고 떠날 때 가장 단단하게 빛나는 법이니까.
그 빛을 보며, 우리는 비로소 편히 눈을 감는다.

## 대속죄일

유대인들은 새해가 되면 열흘간
자신과 세상의 죄를 돌이키고
서로에게 용서를 구하는 날을 갖는다고 했다.
양각 나팔을 불어 그 시작을 알린다고.

나는 무신론자지만, 그들이 부러웠다.
나팔 대신 서로의 침묵을 듣는 우리는,
잘못을 인정하면 목덜미를 물리게 되는
이 정글 같은 시간 속에서
회개는 주머니에 없는 지폐였고
자성은 패배자에게 씌우는 낙인이었다.

우리에게도 그런 날이 단 하루만 있었더라면.

그 하루가 있었다면,

어머니와 아내 사이에 놓인 저 아득한 강을

건너는 다리가 되어주었을까.

형과 나 사이에 쌓인 저 보이지 않는 벽을

서툰 용서의 망치로 허물 수 있었을까.

자존심이라는 옹졸한 신(神)에게

우리는 너무 많은 것을 제물로 바쳤다.


우리에게 신전은 없지만 허름한 식당은 있지 않은가.

거룩한 제의는 없지만

어색하게 소주잔을 기울일 수는 있지 않은가.

'내가 잘못했다'는 그 뜨거운 한마디를

안주 삼아 꿀꺽, 삼켜버리는 하룻밤.

그렇게라도 서로의 상처를 기워 붙이고

다음 날 아침, 다시 어색하게 악수할 수 있다면.

신(神)은 없어도 우리는 빌어야 하고
전통은 없어도 우리는 만들어야 한다.
끊어진 다리를 다시 잇고,
굳게 닫힌 문을 다시 열기 위해.

나는 오늘, 나만의 대(大)속죄일을 시작한다.
수화기를 들고, 가장 두려운 번호를 누른다.
길고 긴 침묵이 흐른다.

## 애쓰지 마라

다 괜찮다.
넘어진 무릎팍에 피 좀 나면 어때서
어차피 딱지 앉고 새살 돋을걸.
캄캄한 밤 지나면 해 뜨는 것처럼
세상일 다 그런 거 아니겠나.

근데 딱 하나,
그놈의 사랑, 그거 하나는 영 딴판이더라.
그건 심장 뜨거운 놈들 몫이라니

그러니 우리 같은 놈들은
그냥 어깨 힘 빼고 흐르자.

구질구질한 흙탕물처럼.

빌어먹을 돌부리에 부딪히면 욕 한번 하고 비껴가고

푹 파인 웅덩이를 만나면

거기 고여 세상 구경이나 하다 가자.

그렇게 삐걱삐걱 흘러온 세월,

저 푸른 바다는 개뿔 못 봤어도

질척한 갯벌 위에

우리가 디디고 온 발자국 몇 개쯤은

짭짤하게 남아 있겠지.

## 함께 끓이는 라면

내 안에는 늘,

배고픈 아이가 산다.

월급날은 스쳐 가고 카드값은 쌓여가고,

남의 집 아파트는 왜 저리 반짝이는지.

삶은 늘 한 뼘씩 모자란 이불 같아서

머리를 덮으면 발끝이 시렸다.

누가 인간은 유한하다 했던가.

나는 그냥, 만기 되면 또 빌려야 하는

유한 책임 대출자일 뿐.

부족은 삶의 쉼표라는데

내 악보엔 음표 대신 쉼표만 빼곡했다.

성공이라는 가면을 쓰고

SNS에 행복만 전시하는 친구 놈도 보았다.

'좋아요'는 넘쳐나도 술 한잔 기울일 어깨는 없는,

그 등 뒤에선 늘 서늘한 바람이 불었다.

모든 걸 비워내다 제 마음의 온기마저 내다 버린

수도승의 퀭한 눈도 보았다.
결국 그들도, 나와 같은 배고픈 아이였다.

그러다 어느 날, 친구 놈이 전화를 했다.
"술 한잔하자. 속이 허하다."
그 한마디에 나는 말없이 부엌으로 향했다.
가스레인지 위, 낡은 냄비 속에서
우리의 시름이 똬리를 틀고 끓어오른다.
김이 오르고, 면발이 익고, 계란 하나 톡.

내 부족만 들여다보던 돋보기를 내려놓고
네 그릇에 한 숟갈 더 얹어주는 것.
웃음이 오가고, 농담이 오가고,
어느새 내 안의 그 아이, 배가 불러온다.

그래도 면발은 꼭, 내가 먼저 건져 먹는다.
국물만 남은 냄비, 그 서운함마저 내 몫의 배고픔이니까.

## 간격 예찬(禮讚)

"따뜻한 무관심 부탁드립니다."

그 말이 내 귓가에 박혔다.
따뜻함과 무관심,
섞일 수 없는 기름과 물 같던 두 단어가
한 문장 안에서 태연하게 악수하는 풍경.

우리는 타인의 상처를 캐내는 광부들이었다.
"괜찮냐"는 안부로 곡괭이질을 시작해,
"말해봐"라는 위로로 다이너마이트를 터뜨렸다.
상대방이 제 마음의 막장에서
숨 쉴 틈을 달라 비명을 지를 때까지.

네모난 창 속, 타인의 반짝이는 무대를 엿보며

내 뒤편의 어둠과 맞바꾸는, 기꺼운 불행.

그것을 우리는 '관심'이라는 세련된 이름으로 불렀다.


친구가 술잔 앞에서 제 삶을 와르르, 쏟아내던 밤.

그 폐허 앞에서 내가 택하려 했던 가장 손쉬운 길은

어설픈 조언도, 값싼 동정도 아닌

그저, 침묵이라는 이름의 도망이었다.

하지만 오늘 내가 배운 것은 달랐다.


따뜻한 무관심이란,

네가 문을 열 때까지

문밖에서 조용히 서성여주는 것.

섣부른 위로 대신 묵묵한 어깨를 빌려주는 것.

네 몫의 슬픔을 존중하며

함부로 숟가락 얹지 않는 것.

그러니 우리, 서로에게
가장 완벽한 빈칸이 되어주자.
채우려 들지 않고, 그저 바라봐 주는
넉넉한 여백이 되어주자.
그것이, 이 질척이는 관계의 정글에서
서로를 질식시키지 않는, 유일한 호흡법일 테니.

## 나무가 먼저 살아 있는 곳

도시의 소음 속에서 우리는 길을 잃었다.
옛 이야기꾼 샤너히(Seanchai)의 노래가 끊긴 부엌처럼
우리의 이야기는 액정 속에서 길을 잃었다.
누구도 특권이 아니라는 거대한 생명의 그물,
그 촘촘한 약속을 잊은 채 우리는 홀로, 위태로웠다.

베어진 나무의 상처에서 터져 나온다는
보이지 않는 울음, 지베렐린.
그 미세한 독(毒)이 우리 핏속에 스며
다음 세대의 잠꼬대가 된다는 걸 우리는 몰랐다.
숲이 앓으면, 사람도 앓는다는 그 서늘한 진실 앞에서
우리의 문명은 얼마나 오만했던가.

산사나무 붉은 열매 하나가
막힌 혈관을 열어준다는 옛사람들 말처럼
숲은 언제나 제 몸을 약으로 내어주었다.
나무를 심으면 영혼이 치유된다는 그 말을,
우리는 너무 늦게야 기억해 냈다.

빈집 지붕을 덩굴이 삼키고
묵은 밭두렁에 들꽃이 피어나는,
사람의 빈자리를 나무가 먼저 채우는 이곳.

강원도 횡성,
세상은 이곳을 '사라지는 도시'라 부르지만
나는 안다, 여기가 먼저 살아 있는 곳임을.
나무가 먼저 제 뿌리를 지키는 땅임을.

그러니 도시의 아픈 숨들이여, 이리로 오라.
흙의 감촉을 기억하는 서툰 손길로,

이끼 낀 바위를 스치는 느린 발걸음으로,
나무 사이에 앉아, 잃어버렸던 당신의 숨을 고르는 것으로
우리는 회복할 수 있다.

나무의 숨결이 먼저 피어나는 땅에서
잃어버렸던 우리의 깊은 호흡도, 비로소 깨어난다.

## 마음으로 읽는 책

어머니의 책장은
단 한 칸으로 족했다.
평생을 두고 넘겨
손때로 반질거리는 그 책은 오직 한 권,
삼남매와 손주들의 이름이 빽빽이 들어찬
닳고 닳은 기도문, 반야심경이었다.

어머니는 눈으로 읽지 않았다.
숨결로 읽었고, 침묵으로 외웠다.
모든 문장은 당신의 깊은 주름 속에,
나직한 한숨 속에 이미 단단한 집을 짓고 있었다.
나는 그 한 권의 집이 부럽고, 또 두려웠다.

수백 권의 책을 서재에 가둬놓고도, 단 한 줄도

내 안에 온전히 품지 못한 나는

어머니의 저 고요한 우주 앞에서

늘, 소란스러운 빈손이었다.


책을 불태우는 시대가 있었다고 했다.

눈이 멀어 더는 읽을 수 없는 밤이 온다고 했다.

그때, 사람들은 문장을 심장에 새겼다.

가장 연약한 살 속에 가장 단단한 집을 짓고

그 안에 위대한 영혼들의 숨결과 체온을 초대했다.

빼앗기지 않는 유일한 재산,

시대를 건너는 가장 작은 방패였다.


나는 이제, 나의 시를 쓴다.

어머니가 평생을 두고 외운 그 기도문처럼

나의 시가, 단 한 사람에게라도

그의 마지막 책이 되기를.

눈이 어두워도 마음으로 읽히는 마지막 문장이 되기를.

그러니 당신이여,
내 시의 표지를 정성껏 접어
당신 마음 가장 깊은 곳에 넣어주시라.
그리하여 이 책이, 당신의 밤을 지키는
작고 유일한 등불이 될 수 있도록.

## 인생견습

태어난 날,

우리는 성대한 환영식을 치렀다.

세상의 모든 축복을 한 몸에 받은,

이 회사(人生)의 유일한 신입사원인 것처럼.

그리고 다음 날부터,

아무런 설명서도 없이

길고 긴 인턴 생활이 시작되었다.


눈치 빠른 놈은

선배 사원(어른들)의 표정을 살피며

제법 능숙하게 커피를 탔고,

눈치 없는 나는

복사기 앞에서 종이를 다 태워 먹기 일쑤였다.

하루에도 몇 번씩,

'나는 왜 이 모양일까' 자책하며

옥상에 올라가 몰래, 담배를 피웠다.

단 한 번의 경력직 채용 없는 이곳.

천국이든 윤회든, 재입사자는 없다는데.

우리는 그저, 정답 없는 보고서를

허공으로 던져 올리는

서툰 견습생일 뿐이다.

그런데 이상하지,

어떤 놈들은 태어날 때부터 정규직이었다.

반짝이는 유모차를 타고 출근하고,

옹알이 한 번에 박수갈채를 받는,

우리가 '금수저'라 부르는 그들.

그들의 매끈한 이력서에는 없는,
우리만의 얼룩이 있으니 부러워하지는 말자.
학교 앞 포장마차, 김이 모락모락 나는
단돈 천 원짜리 행복.
친구 놈과 컵 하나에 어묵 국물을 나눠 마시며
세상의 모든 비밀을 떠들던,
그 구질구질하고도 눈부신 날들이.
길거리 떡볶이의 그 뜨거움을,
그들은 영원히 모를 테니.

그러니 이제, 눈치 보지 말자.
어차피 이번 생에 승진도, 재계약도 없다.
우리의 서툰 업무를 평가할 부장님은
애초에, 출근한 적도 없으니.

인간 보편의 삶이 인턴인 것을.
모두가 서툴고, 모두가 실수투성이인 것을.

오늘도 나는,
나의 이 엉망진창 보고서 마지막 장에
삐뚤빼뚤한 글씨로, 이렇게 쓴다.

경력 없는 삶이 아니다.
이 실수투성이의 삶 자체가, 나의 유일한 경력이다.

## 못생긴 단어 사전

하루치 내 말을
낡은 노트 위에 받아 적는다.
'사랑한다'는 두어 번,
'고맙다'는 겨우 한 번.
'젠장'과 '힘들다'는
밑줄 그을 자리도 없이 빼곡하다.

문득, 세상의 모든
못생긴 단어들을 지운다면 어떨까.
욕설도 불평도 없는,
오직 '사랑해'와 '아름다워'만이
앵무새처럼 떠도는

밍밍한 천국.


슬픔을 도려내니 기쁨도 앓아눕고
절망을 지웠더니 희망은 길을 잃더라.
빛나는 말들은,
어둠이라는 밥을 먹고 겨우, 자라는 것이었구나.


물론, 날 선 말들로
서로의 마음에 생채기를 내는 일은
이제 그만해도 되잖아.
그 못생긴 말들은 진짜 아프니까.


다만, 궁금해졌다.
잉크로 기록되지 않은
내 하루의 표정은, 어땠을까.
수많은 못생긴 말들과
삼켜버린 울음들이

주름으로 새겨졌을 내 얼굴.

그 얼굴이야말로,
내가 평생을 써 내려온
단 한 권의,
못생긴 시집 아니었을까.

그래도 그 책장을 넘기는 건,
결국 나였다.

## 나는 산문(散文)이 좋다

나는 산문시(散文詩)가 좋다.
이름부터 산문(山門), 산으로 들어가는 문 같기도 하고
산문(散文), 흩어진 글 같기도 해서.
우리나라엔 산이 많은데, 문도 그리 많은가.
시답잖은 생각들을 하다, 피식 웃는다.

나는 그냥, 덜 고쳐 쓴 글이 좋다.
있는 그대로, 삶이 이끄는 대로
더듬더듬, 제 길을 찾아가는 말들이 편안하다.
작가의 의도를 찾으려 밑줄 긋고 머리 싸맬 필요 없이
마음이 고스란히, 종이 위로 걸어 나오는 그런 글.

관계도 그랬으면 좋겠다.

숨은 뜻 없이, 맑았으면 좋겠다.

남자 말과 여자 말은 서로 다른 나라 말이라지.

아내의 말뜻을 알려면

국어사전 대신 눈치사전을 먼저 펼쳐야 한다.

저녁 메뉴를 묻는 말 속에 실은

오늘 하루 얼마나 힘들었는지에 대한 보고서가 숨어 있고,

"나 먼저 잘게"라는 통보 속엔

어서 와서 내 등을 토닥여달라는 간절한 요청이 담겨 있다.

나는 그 암호를 해독하느라 밤새 뒤척이는,

서툰 스파이다.


그래서 나는 산문시가 좋은가 보다.

유명한 시인은 못 되겠지.

그들은 절제된 언어로 운율을 만들고

새벽 숲의 뻐꾸기처럼,

같은 울음을 반복해 울며 감동을 준다는데

나는 그 리플레이하는 뻐꾸기가 싫으니.


어떤 시인들은 한자어를 섞어 써야
시가 깊어진다고 훈계를 하지.
그럴 거면 차라리 중국어를 쓰지,
세종대왕님이 지하에서 통곡하시겠다.
양반님네들, 제 지배적 욕심 채우려
어려운 글자로 담벼락 쌓던 버릇,
아직도 못 버렸나 보다.


나는 그냥, 한글만 아는 무식한 노비로 살란다.
진짜 아름다운 건 겉멋이 아니라,
있는 그대로의 삶인 것을.


세종대왕은 누구나 편히 쓰는 문자를 원했다지.
나는 누구나 시인이 될 수 있는 산문을 원하니,
유명한 시인은 못 되어도

세종대왕은 될 수 있겠네.

나는 그냥, 산문처럼 살고 산문처럼 쓸 뿐이다.
덜 고쳐 써서 멋스러운,
이것이 내가 당신에게 보내는
숨은 뜻 없는, 유일한 연서(戀書)다.

# Viva, 청춘!

들어라, 이것이 너희의 노래다!
N포세대, 흙수저, 그따위 이름표는
네 손으로 찢어발겨라!
심장이 거대한 북처럼 울린다, 친구야!
두려움 따윈 재로 만들고, 네 길을 터뜨려라!

세상은 늘 차갑게 판결한다,
넌 안 된다, 넌 작다, 넌 아직 멀었다.
좋다, 그 차가운 말을 장작 삼아
너희는 너희만의 불을 거대하게 지펴라!

사랑에 무릎 꿇고, 이별에 흠뻑 젖는 밤들,

넘어져도 괜찮다, 흙먼지를 툭툭 털고
어제의 눈물 자국 위에 더 높은 깃발을 꽂아라.
그 미친 힘, 그 바보 같은 용기만이
오늘의 너를 다시 살게 할 테니.

보아라, 너희는 폐허 위에서 일어선다!
어제의 작은 너를 부수고, 내일의 큰 너로,
무너진 바로 그 자리에서
너희는 더 눈부신 성을 쌓아 올려라.

청춘의 심장은 패배 따윈 기억하지 않는다.
네 안의 그 불꽃만큼은, 그 누구도 끌 수 없다.
너희가 바로, 이 낡은 시대를 뒤엎을 거대한 태풍이다!

Viva! 너의 꺼지지 않는 숨결에 만세!
Viva! 너의 멈추지 않는 심장에 만세!
Viva! 기어이 다시 일어서는 너에게 만세!

청춘은 시간의 이름이 아니라
포기하지 않는 심장의 다른 이름!
망가져도 다시 일어서는 그 담대하고 찬란한 힘으로
내가 가보지 못한 너희의 길을 열어갈 너희를,
나는 온 심장을 걸고 믿는다!

Viva, 청춘!
삶이여, 만세!

## Viva la Vida, 중년!

마흔아홉, 캄캄한 책상에 홀로 앉아
머릿속에서 깨진 유리 조각들을 맞춘다.
남은 날들과, 갚아야 할 빚과,
닳아빠진 구두 굽의 아슬아슬한 절벽.
어제는 또 하나의 계약서가 허공에 흩어졌고,
오늘은 텅 빈 통장 앞에서 마른 웃음이 새어 나왔다.
심장에는, 뛰는 법 대신 버티는 법으로
굳은살이 박였다.

먼지 낀 책상 한구석, 빛바랜 엽서 하나.
온몸이 부서져 내렸지만, 그녀는
꺾이지 않는 눈빛으로 마지막 숨을 끌어모아 썼다.

'Viva la Vida!' 삶이여, 만세!
그 처절한 한마디가, 잿더미가 된 내 가슴에
작은 불씨 하나를 던진다.

그래, 중년의 싸움이란
넘어지지 않는 기술 따위가 아니었다.
가장 차가운 절망의 바닥에서,
깨진 무릎으로 다시 일어나 절뚝거리며 걷는
서툰 오기(傲氣) 같은 것이었다.
실패는 패배자의 낙인이 아니라,
망한 김에 소주 한 병 더, 를 외치는 자의 훈장이다.

그러니 건배하자, 이 밤의 끝에서.
텅 빈 내 소주잔과 거울 속 지친 사내에게.
Viva! 아직 심장이 뛴다는 이 징글징글한 사실에 만세!
Viva! 이 빌어먹을 삶을
다시 한번, 사랑해 보려는 이 여전히 멍청한 용기에 만세!

## 퍼핑콩, 조청감옥 탈출기

왕년의 오란다는 과자가 아니라 흉기였다.
잘못 씹었다간,
내 어금니 금니와 작별 인사를 해야 할지도 모르는
달콤하고 살벌한 흉기.
으드득, 하고 턱관절의 모든 투지를 불태워야만
겨우 한 조각을 정복할 수 있었던,
끈적한 조청 감옥에 갇힌 퍼프 형성 콩(Puffing Kong)들의
처절한 단체 파업 현장.

요즘 것들은 이름부터 다르다.
'이태리방앗간 오란달'이라나.

이름에 '이태리' 석 자가 붙으면
뭐든 용서가 되는 시대라지만, 넌 좀 심했다.
사르르, 하고 솜사탕처럼 녹아내리고
폭신폭신, 구름처럼 가볍단다.
이가 부러질 걱정 없이
우아하게, 세상을 맛보는 세대를 위하여
내가, 바로 내가 만들었다.

생각해 보면,
우리는 딱딱한 것들만 씹고 자랐다.
아버지의 침묵도, 세상의 편견도,
지독한 가난도 오란 다처럼 딱딱했다.
그래서 우리는 이기는 법 대신
부러지지 않고, 질겅질겅 버티는 법을 먼저 배웠는지도.

오늘 나는,
사뿐, 하고 내가 만든 오란 달을 한입 베어 문다.

입안에서 스르르 녹아내리는 풍요의 맛.
내 손으로 허물어버린 그 지독했던 조청 감옥.
내 아이들은 이제,
저 딱딱한 흉터의 맛을 영영 모를 것이다.

잘된 일이다, 분명 잘된 일인데,
이 부드러운 단맛이 어쩐지 심심하다.
내 어금니는 기억한다,
턱뼈가 시큰하도록 버텨내야 했던 그 시절의 맛을.
때로는 이기는 것보다,
저 딱딱한 것들과 한판 붙던 그 싸움이
더 그리울 때가 있다.

## 맨땅에 엎어져 시를 주운 남자

그의 첫 무대는 CEO의 자리가 아니었다. 스크린 속에서 울고 웃던 아역배우. 시간이 흘러 그는 숫자로 세상을 증명하는 미국 선물거래사(AP)가 되었고, 메가스터디의 센터장이 되어 청춘의 길을 설계했다. 그의 길은 오차 없는 공식처럼 단단하고 반듯해 보였다.

그러나 그의 진짜 스승은 실패였다. '뉴트리팡'이라는 야심 찬 이름의 꿈은 빚이 되어 산산조각 났고, 무수한 도전은 번번이 그를 맨땅에 내동댕이쳤다. 그는 그때 알았다. 삶이란 반듯한 활자가 아니라, 온몸으로 부딪치고 깨지며 새기는 상처의 무늬라는 것을. 그래서 그는 자신의 회사에 '주식회사 맨땅'이라는 이름을 붙였다. 모든 것을 잃어본 자만이 다시 시작할 수 있는, 그 막막하고도 정직한 땅의 이름이었다.

맨땅 위에서, 그는 시 대신 과자를 굽기 시작했다. 딱딱한 옛날 과자 '오란다'에 토핑을 얹는 엉뚱한 상상. 그는 그 작은 공장에 '이태리방앗간'이라는 이름을 붙였다. 명품을 만들듯, 한 땀 한 땀 상처의 기억을 새기는 장인의 마음이었다.

이제 그는 다시, 글을 쓴다.

낮에는 공장의 기계 소리를 듣고, 밤에는 내면의 소리를 받아 적는다. 주말이면 경희대학교 경영대학원 학생이 되어 캠퍼스를 누비고, '상지대 소셜캠퍼스 온'에서 다른 사회적 기업가들과 머리를 맞대고 우리가 사는 세상의 아픔에 귀를 기울인다. 고향 횡성에 조용히 마음을 전하고, 지역 사회의 보이지 않는 곳에 손을 내미는 그는, 자신이 받은 온기는 반드시 나눠야 할 빚이라고 믿는다.

그의 시는 그래서, 책상 위에서 태어나지 않았다.

실패한 계약서의 너덜너덜한 얼룩이고, 노동자의 땀 밴 작업복 냄새이며, 나보다 더 아픈 이웃의 상처를 들여다보던 무너진 어깨다.

이것은 시가 아니라, 맨땅에 꾹꾹 눌러쓴 생의 지독한 내역서이자, 당신에게 건네는 가장 서툰 악수다.

과자 굽는 시인,
범필로그 양창범

〈범필로그〉

## 당신의 서랍을 닫으며

모든 길은 결국, 집이 되었습니다.

우리가 걸어온 굽이진 길, 우리가 흘렸던 눈물, 우리가 삼켰던 한숨이 모여 마침내 하나의 지붕을 이룹니다. 이 집은 화려하지 않습니다. 군데군데 비가 새고, 문틈으로 외풍이 들며, 바닥은 조금 기울어져 있습니다.

그러나 이 집에는 온기가 있습니다.

함께 라면을 끓여 먹는 저녁이 있고, 서로의 못남을 타박하면서도 등을 돌리지 않는 서툰 온기가 있습니다.

이제 당신의 서랍을 닫습니다.

하지만 그 안에는, 시집을 읽기 전과는 다른 무언가가 남았기를 바랍니다. 당신의 낡은 외투를 조금 더 너그럽게 바라볼 수 있는 시선, 당신의 흉터를 부끄러워하지 않을 용기, 그리고 당신 곁의 누군가에게 먼저 외투를 벗어줄 수 있는 작은 마음 하나.

이 시집이 당신의 손에서 떠나, 당신의 가장 아픈 밤을 지켜주는 낡고 따뜻한 담요가 되기를.

그리하여 마침내, 당신의 모든 길이 당신의 집이 되기를.

진심으로, 기도합니다.